톡톡톡 실용영어
210 Situational Patterns

4 Steps to Be the KING of English

왕초보에서 영어 회화 KING이 되기 위한 4 Steps

STEP 1

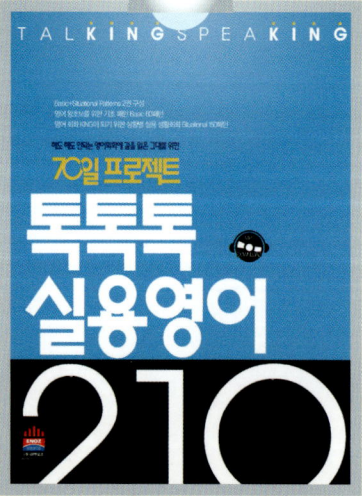

20일

Basic Patterns로 왕초보 탈출하기

STEP 2

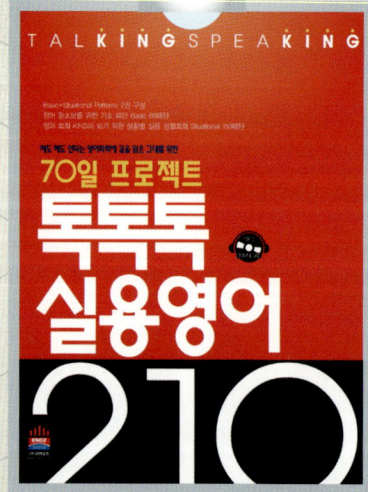

50일

Situational Patterns로 TALKING SPEAKING
영어 회화 KING 되기

매일 교재 학습 후, www.enoz.co.kr 홈페이지에서
무료 온라인 컨텐츠 학습하기

ENOZ 화상 영어로 원어민과 TALK TALK TALK
튀는 프리토킹 하기

TIP
홈페이지 회원 가입 후 화상 수업 2회 무료 체험 활용하기

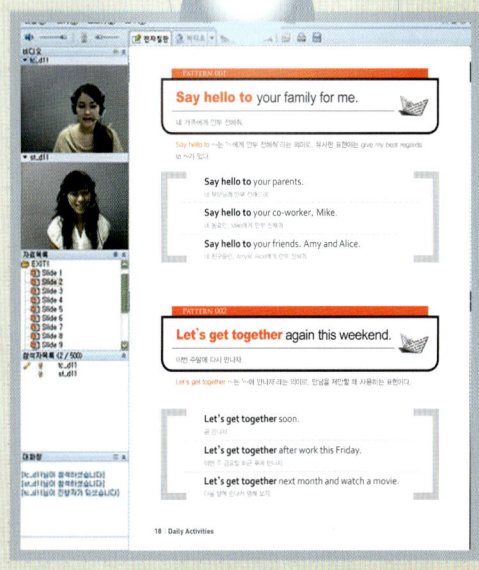

구성과 특징

왕초보자들을 위한 60패턴 240문장, *Basic Patterns*

영어 회화 KING이 되기 위한 150패턴 600문장, *Situational Patterns*

영어 회화에 대한 열망으로 여러 가지 영어 책으로 공부해 봤지만 실패 또 실패하는 학습자!

영어가 머리 속에서만 맴맴맴, 입 속에서만 맴맴맴 맴도는 영어 학습자!

해도 해도 안 되는 영어 회화에 길을 잃은 학습자들을 위해 본교재는 이렇게 구성되었다.

기본적인 영문법으로 구성된 Basic Patterns

기초가 부족해서 영어 공부를 시작하기조차 두려운 학습자.
영어 공부를 한지 너무 오래된 학습자들을 위한 Warming Up 단계.
가장 기초적인 영문법으로 구성된 60패턴, 240문장 학습으로
왕초보에서 탈출해 보자!

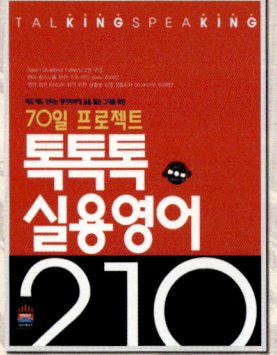

일상 생활의 상황별 영어로 구성된 Situational Patterns

일반 패턴 교재 학습만으로는 상황에 적절한 문장을 구사할 수 없어 답답함을 느꼈을
학습자들을 위한 Growing Up 단계.
150패턴, 600문장의 상황별 학습으로 TALKING! SPEAKING!
영어 회화의 KING이 되어 보자!

Situational Patterns 교재 구성

Preview

일주일 동안 학습할 15개의 패턴들 중에서 대표 문장들만 모아 구성한 Preview. 본격적인 학습을 시작하기 전에 일주일 동안 배울 패턴이 무엇인지 살펴보자. 대표 문장만 잘 기억해도 일주일 학습의 절반은 성공한 것일 테니~!

One Day Three Patterns

부담 없이 하루에 3개 패턴, 12문장씩 50일간 꾸준히 학습하면 실용 회화 600문장이 내 머릿속에 쏙~!

Tips from Natives

한국인들에게 영어를 가르치고 있는 현직 원어민 강사들이 직접 체크한 Tips from Natives를 통해 평소 잘못 사용하고 있는 Konglish와 잘못된 영어로부터 탈출해보자!

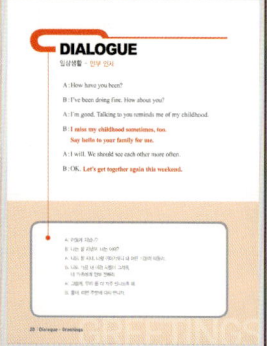

Dialogues

아무리 많은 문장을 알고 있어도 실제 회화에서 사용할 수 없다면 무용지물! Day별 각 패턴의 대표 문장들을 기초로 구성된 Dialogue를 통해 패턴 문장이 회화에서는 어떻게 응용될 수 있는지 학습한 후 실제 회화로 승화시켜 보자!

English Themes

원어민들이 일상 생활에서 실제로 사용하는 표현들을 모아 20개의 테마로 구성된 English Themes로 원어민들처럼 말해 보자!

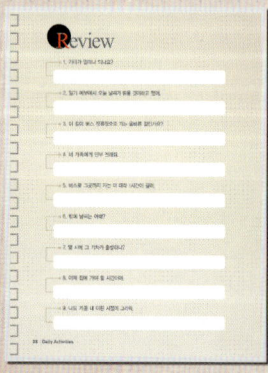

Review

일주일 동안 배운 내용을 점검할 수 있는 Review를 통해 한 주 동안 학습한 내용을 스스로 평가해 보자!

Vocabulary

교재의 단어 및 숙어들을 주 별로 50개씩 선별해서 학습자들이 손쉽게 학습할 수 있도록 하였다.

Basic Patterns 교재 구성

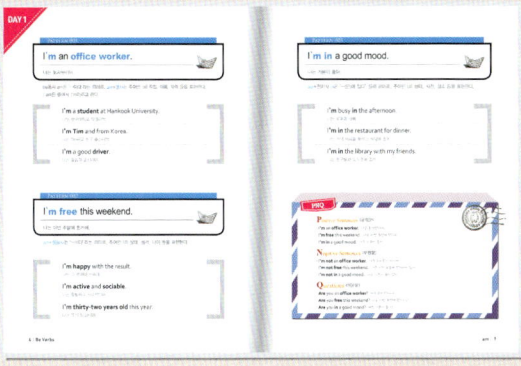

One Day Three Patterns

기초가 부족하다고 느끼는 학습자들은 Be동사, 시제, 접속사 등 기초 영문법을 다룬 Basic Patterns부터 학습해 영어에 대한 부담을 덜어내보자.
하루에 3개 패턴, 12문장씩 20일간 꾸준히 학습하면 영어회화 KING의 길로 한 발짝 다가설 수 있을 것이다!

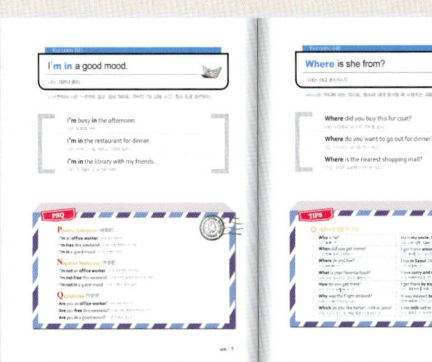

PNQ & TIPS

문장 응용에 어려움을 느끼는 왕초보자들을 위해 패턴별로 하나씩의 문장을 활용해 긍정문 (Positive Sentences), 부정문 (Negative Sentences), 의문문 (Questions)으로 구성한 PNQ와 해당 Day별 주제 문법의 보충학습 개념인 TIPS로 기초를 더욱 튼튼하게 다져 보자!

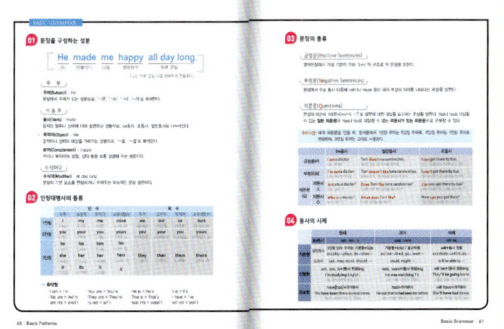

Basic Grammar

Basic Patterns가 어려운 학습자들을 위해 가장 기초적인 문법으로 구성한 Basic Grammar를 통해 좀 더 쉽게 영어에 접근할 수 있도록 하였다.

Situational Patterns Contents

WEEK 1 — Daily Activities 일상생활

Day 1 Greetings 안부 인사 17

- 001 **Say hello to** your family for me.
  네 가족에게 안부 전해줘.
- 002 **Let's get together** again this weekend.
  이번 주말에 다시 만나자.
- 003 **I miss my childhood sometimes**, too.
  나도 가끔 내 어린 시절이 그리워.

Day 2 Weather 날씨 21

- 004 **How's the weather** outside?
  밖에 날씨는 어때?
- 005 **The weather forecast said** it'll be sunny today.
  일기 예보에서 오늘 날씨가 맑을 것이라고 했어.
- 006 **This is good weather for** going on a picnic.
  소풍 가기에 좋은 날씨야.

Day 3 Time 시간 25

- 007 **What time** does the train leave?
  몇 시에 그 기차가 출발하니?
- 008 **It's time to** go home now.
  이제 집에 가야 할 시간이야.
- 009 The first train for Seoul **leaves at** 6:00 a.m.
  서울행 첫 기차는 아침 6시에 출발해.

Day 4 Transportation 교통수단 29

- 010 **How long does it take to get** there?
  그곳까지 가는 데 얼마나 걸리니?
- 011 **It takes about** an hour to get there by bus.
  버스로 그곳까지 가는 데 대략 1시간이 걸려.
- 012 You'd better **transfer to** the subway here.
  여기에서 지하철로 갈아타는 게 나아.

Day 5 Asking for Directions 길 묻기 33

- 013 **How can I get to** the nearest subway station?
  가장 가까운 지하철역까지 어떻게 가나요?
- 014 **How far** is it?
  거리가 얼마나 되나요?
- 015 **Is this the right way to** the bus stop?
  이 길이 버스 정류장으로 가는 올바른 길인가요?

WEEK 1 Review 38

WEEK 2 — Shopping 쇼핑

Day 1 Looking for an Item 물건 찾기 43

- 016 **I'm looking for** an automatic camera.
  저는 자동카메라를 찾고 있어요.
- 017 **Where can I find** laptops?
  어디에서 노트북 컴퓨터를 찾을 수 있나요?
- 018 **They are in** the computer section.
  그것들은 컴퓨터 구역에 있어요.

Day 2 Selecting an Item 물건 고르기 47

- 019 **I found some** jackets, but they're too expensive.
  몇 벌의 재킷을 골랐는데, 너무 비싸요.
- 020 **I need something** a little less expensive.
  좀 더 저렴한 것이 필요해요.
- 021 **How do I look in** this jacket?
  나에게 이 재킷이 잘 어울려?

Day 3 Purchase 구매하기 51

- 022 **I'd like to** pay for this item.
  이 물건의 비용을 지불하고 싶어요.
- 023 **How much does** this **cost**?
  이것은 얼마인가요?
- 024 **I'll buy** a bottle of water.
  나는 물 한 병을 살 거야.

Day 4 At the Cashier 계산대에서 55

- 025 **Do you need** anything else?
  다른 것 필요하세요?
- 026 **I'll wait until** it's on sale.
  할인할 때까지 기다릴게요.
- 027 **Can you check** if this credit card is usable?
  이 신용 카드가 사용 가능한지 확인해 주시겠어요?

Day 5 Getting a Refund 환불 받기 59

- 028 **I shouldn't have bought** this one.
  이것을 사지 말았어야 했어.
- 029 **I'm returning** this coat.
  이 코트를 반환하려고 해요.
- 030 **I'm afraid we can't** give you a refund without the receipt.
  유감이지만 영수증이 없으면 환불해 드릴 수 없어요.

WEEK 2 Review 64

WEEK 3 — Hanging Out 친구들과 어울리기

Day 1 Making Plans over the Phone 전화로 약속 정하기 69

- **031 May I speak to** Amy, please?
  Amy와 통화할 수 있을까요?
- **032 Could you tell her** to call me back, please?
  그녀에게 저에게 전화하라고 전해 주시겠어요?
- **033 I'll call you** right back.
  곧바로 너에게 전화할게.

Day 2 Making Plans in Person 만나서 약속 정하기 73

- **034 What time shall we** pick you up?
  우리 몇 시에 널 데리러 갈까?
- **035 I'm sorry, but** I have to work until seven this evening.
  미안하지만, 오늘 저녁 7시까지 일해야 해.
- **036 When are you** free?
  너는 언제 한가하니?

Day 3 At the Theater 극장에서 77

- **037 Which movie** do you want to watch?
  너는 어떤 영화를 보고 싶니?
- **038 I've heard it isn't as good as** the first one.
  그것은 첫 번째 것만큼 괜찮지 않다고 들었어.
- **039 I'm interested in** romantic movies.
  나는 로맨틱 영화에 관심이 있어.

Day 4 Celebrations and Events 축하와 이벤트 81

- **040 Do you plan on** going to Julie's birthday party?
  Julie의 생일 파티에 갈 계획이니?
- **041 I was thinking about** going to the party.
  나는 파티에 갈까 생각 중이었어.
- **042 I'm assuming that** the party will start around eight.
  파티는 8시쯤 시작될 것으로 생각해.

Day 5 Socializing 교제하기 85

- **043 It's been a long time since** I saw you last.
  마지막으로 너를 봤던 이후로 오랜만이네.
- **044 When was the last time** we saw each other?
  우리가 마지막으로 서로 봤던 게 언제였지?
- **045 It seems like** you're doing well.
  너는 잘하고 있는 것 같아.

WEEK 3 Review 90

WEEK 4 — Places 장소

Day 1 At the Library 도서관에서 95

- **046 You can find it** in the periodical section.
  정기 간행물 구역에서 찾을 수 있어요.
- **047 Can I check out** periodicals and novels?
  정기 간행물들과 소설책들을 대출할 수 있나요?
- **048 All novels are due within** ten days.
  모든 소설류는 10일 이내로 대출할 수 있어요.

Day 2 At the Hair Salon 미용실에서 99

- **049 I need to get** my hair cut.
  머리를 잘라야 할 것 같아.
- **050 It'll really suit** you perfectly.
  너에게 완벽하게 잘 어울릴 거야.
- **051 This is exactly what** I wanted.
  이것이 바로 내가 원했던 거야.

Day 3 At the Government Office 관공서에서 103

- **052 Where do I go to** get a passport?
  여권을 발급받는 곳이 어디인가요?
- **053 I apologize for** keeping you waiting.
  기다리게 해서 사과드립니다.
- **054 Which form am I supposed to** complete?
  제가 어떤 양식을 완성해야 하나요?

Day 4 At the Bank 은행에서 107

- **055 If you're going to** withdraw cash, you can use any ATM.
  현금을 인출하려면, 현금 자동 입출금기를 이용하시면 됩니다.
- **056 What's the maximum amount** that I can withdraw?
  제가 인출할 수 있는 최대 금액은 얼마인가요?
- **057 Would you fill out** this application form, please?
  이 신청서를 작성해 주시겠어요?

Day 5 In the Café 카페에서 111

- **058 How would you like** your coffee?
  커피를 어떻게 해 드릴까요?
- **059 No** sugar **with** my coffee, please.
  제 커피에 설탕은 넣지 마세요.
- **060 Would you like** cream in your coffee?
  커피에 크림은 어떠세요?

WEEK 4 Review 116

WEEK 5 — Eating Out 외식

Day 1 Going Out to Eat 외식하기 121

- 061 **Why don't we** go out for dinner tonight?
  오늘 저녁에 외식하는 게 어때?
- 062 **Would you rather** have Japanese **or** Western food?
  일식이나 양식 중 어느 것을 먹을래?
- 063 **I'd recommend** the King Steak House.
  나는 King 스테이크 전문점을 추천하고 싶어.

Day 2 Favorite Food 가장 좋아하는 음식 125

- 064 **What kind of** food do you like the most?
  어떤 종류의 음식을 너는 가장 좋아하니?
- 065 **My favorite food is** Korean food.
  내가 가장 좋아하는 음식은 한식이야.
- 066 **That sounds** delicious.
  그거 맛있겠는걸.

Day 3 Order 주문하기 129

- 067 **I can't decide whether** to order seafood **or** chicken.
  해산물 요리를 주문할지 닭 요리를 주문할지 결정하지 못했어.
- 068 **I'm thinking of** ordering chicken.
  나는 닭 요리를 주문하려고 생각 중이야.
- 069 **Are you ready to** order your meal?
  식사 주문하실 준비가 되셨나요?

Day 4 Talking about Dishes 음식에 대해 대화하기 133

- 070 **I can't live without** this restaurant's pasta.
  나는 이 식당의 파스타 없이는 못 살아.
- 071 **I'm allergic to** fish.
  나는 생선에 알레르기가 있어.
- 072 **I'm not used to eating** salmon.
  나는 연어 먹는 것에 익숙하지 않아.

Day 5 After the Meal 식사 후 137

- 073 **May I have** some napkins, please?
  냅킨을 좀 가져다주시겠어요?
- 074 **Are you finished with** your meal?
  식사를 마치셨나요?
- 075 **Could you please bring us** two cups of black tea?
  우리에게 홍차 두 잔을 가져다주시겠어요?

WEEK 5 Review 142

WEEK 6 — Relationships 인간관계

Day 1 Giving Compliments 칭찬하기 147

- 076 **I like the way you** interact with people.
  나는 네가 사람들과 소통하는 방식이 좋아.
- 077 **I wish I had** your sense of humor.
  나는 너의 유머 감각이 있었으면 좋겠어.
- 078 **You are very good at** taking care of business.
  너는 일 처리가 매우 능숙해.

Day 2 Advising 조언하기 151

- 079 **That's the best way** to find a job.
  그것이 직업을 구하는 최고의 방법이야.
- 080 **Don't get** so discouraged.
  너무 낙담하지 마.
- 081 **You'd better** be confident.
  자신감을 가지는 편이 나아.

Day 3 Expressing Appreciation 고마움 표현하기 155

- 082 **Thank you for** your kind words.
  당신의 친절한 말씀에 감사해요.
- 083 **It's nice of you to** say so.
  그렇게 말씀해 주셔서 감사해요.
- 084 **I appreciate** the compliments again.
  다시 한 번 칭찬에 감사드립니다.

Day 4 Leaving 작별하기 159

- 085 **I'm afraid I have to** go now.
  유감이지만 나는 지금 가봐야 해.
- 086 **I hope** we can get together again.
  우리가 다시 만날 수 있길 바래.
- 087 **I had fun** talking with you.
  너와의 대화 즐거웠어.

Day 5 Family and Friends 가족과 친구 163

- 088 **Do you have any** brothers or sisters?
  너는 형제나 자매가 있니?
- 089 **I thought you were** an only child.
  나는 네가 외동인 줄 알았어.
- 090 **I'll introduce you to** my brother this weekend.
  이번 주말에 너를 우리 형에게 소개할게.

WEEK 6 Review 168

WEEK 7 — House Chores 집안일

Day 1 Cooking 요리하기 — 173

091 **I was about to** make seafood spaghetti.
나는 막 해산물 스파게티를 만들려던 참이었어.

092 **Tell me about** your recipe.
너의 요리법에 대해 말해줘.

093 **It's important that** you keep the seafood fresh.
해산물을 신선하게 유지하는 것이 중요해.

Day 2 Cleaning 청소하기 — 177

094 **I'm busy cleaning** the house from top to bottom.
나는 집안을 구석구석 청소하느라 바빠.

095 **Clean up** your room **before** our guests arrive.
손님들이 도착하기 전에 네 방을 청소해.

096 **Do you mind if I** vacuum the living room?
진공청소기로 거실을 청소해도 될까?

Day 3 Doing the Laundry 세탁하기 — 181

097 **What should I do with** these clothes?
이 옷들을 어떻게 해야 할까?

098 **There's too much to** put in the washing machine.
세탁기에 넣기에는 너무 많아.

099 **Can you alter** these pants to fit me?
이 바지들을 저에게 맞도록 수선할 수 있어요?

Day 4 Separating Garbage Collection 분리수거하기 — 185

100 **Don't forget to** sort the garbage.
쓰레기를 분리하는 거 잊지 마.

101 **They belong in** the recyclable goods section.
그것들은 재활용품 수거함에 속해.

102 **I'm willing to** separate reusable items.
내가 기꺼이 재사용 가능한 물품들을 분리할게.

Day 5 Using Appliances 집안 기구 사용하기 — 189

103 **May I borrow** your digital camera?
당신의 디지털 카메라를 빌려도 될까요?

104 **It looks like** a brand-new MP3 player.
그것은 새로 출시된 MP3 플레이어인 것 같아.

105 **How do I use** this MP3 player?
이 MP3 플레이어는 어떻게 사용하나요?

WEEK 7 Review — 194

WEEK 8 — Health 건강

Day 1 Calling in an Emergency 응급 전화 — 199

106 **I have a serious pain** in my stomach.
위에 심한 통증이 있어요.

107 **Do you have any difficulty** standing up?
일어서는 데 어려움이 있나요?

108 Please send an ambulance **as soon as possible**.
가능한 빨리 구급차를 보내주세요.

Day 2 Describing Symptoms 증상 말하기 — 203

109 **Can you describe** your symptoms, please?
증상을 말씀해 주시겠어요?

110 **I tend to** have digestive problems regularly.
저는 정기적으로 소화 불량인 경향이 있어요.

111 **It gets worse when** I'm stressed.
스트레스를 받을 때 더 악화돼요.

Day 3 At the Pharmacy 약국에서 — 207

112 **This medicine is** most effective for your symptoms.
이 약은 당신의 증상에 가장 효과적이에요.

113 **You should take** your medicine once a day.
하루에 한 번씩 약을 복용하세요.

114 **You'll feel** much better soon.
곧 훨씬 좋아지는 것을 느낄 거예요.

Day 4 Going Home Early 조퇴하기 — 211

115 **I can't stay** until the end of the workday.
퇴근 시간까지 있을 수 없어요.

116 **I guess** something was wrong with my lunch.
점심때 먹은 음식이 잘못됐던 것 같아요.

117 **Do you want me to** take you to the hospital?
제가 병원에 데려다 줄까요?

Day 5 Diet 체중 조절 — 215

118 **I'm trying to** stay on my diet plan.
나는 체중 조절 계획을 지키려고 노력하고 있어.

119 **You really shouldn't be** eating sweets.
너는 정말로 단 음식을 먹으면 안 되잖아.

120 **It's so hard to** wake up early to jog.
조깅하려고 일찍 일어나기는 정말 어려워.

WEEK 8 Review — 220

WEEK 9 Vacations 휴가

Day 1 Planning a Vacation 휴가 계획하기 — 225
- 121 **I'll take** next week **off**.
  나는 다음 주에 휴가를 낼 거야.
- 122 **I'm planning to** visit my cousin in California.
  나는 캘리포니아에 있는 내 사촌을 방문할 예정이야.
- 123 **I've been too busy with** work.
  나는 일로 너무 바빴어.

Day 2 Making a Reservation 예약하기 — 229
- 124 **May I have your** name, please?
  성함을 말씀해 주시겠어요?
- 125 **Book me for** the morning flight, please.
  아침 비행기로 예약해 주세요.
- 126 **Make sure you** have your passport and ticket with you.
  여권과 표를 가지고 가시는 것을 명심하세요.

Day 3 Summer Vacation 여름휴가 — 233
- 127 Going to the beach **is so much better than** going to the pool.
  해변에 가는 것이 수영장에 가는 것보다 훨씬 나아.
- 128 **I prefer to** go to the beach.
  나는 해변에 가는 것을 선호해.
- 129 **I'm looking forward to** this trip.
  나는 이번 여행을 손꼽아 기다리고 있어.

Day 4 Winter Vacation 겨울휴가 — 237
- 130 **I'm a huge fan of** winter sports.
  나는 겨울 스포츠를 굉장히 좋아해.
- 131 **I don't know how to** snowboard.
  나는 스노보드를 어떻게 타는지 몰라.
- 132 Yong Pyeong **is the best place to** snowboard.
  용평은 스노보드 타기에 최고의 장소야.

Day 5 Travel Experience 여행 경험 — 241
- 133 **Have you ever** been abroad?
  외국에 가 본 적 있어?
- 134 I backpacked around Europe **when I was** in university.
  나는 대학생이었을 때, 유럽 곳곳을 배낭여행했어.
- 135 **I remember** my special friend, Barbara.
  나는 나의 특별한 친구인 Barbara를 기억해.

WEEK 9 Review — 246

WEEK 10 Travel 여행

Day 1 At the Airport 공항에서 — 251
- 136 I'll **pick** you **up** when you get back.
  네가 돌아올 때 내가 마중 나갈게.
- 137 **Are you going to** Scotland?
  스코틀랜드로 가시나요?
- 138 **Go straight and** turn right at the corner.
  직진해서 모퉁이에서 우회전 하세요.

Day 2 In the Plane 기내에서 — 255
- 139 **We're scheduled to** arrive in Washington at 9:30 local time.
  저희는 현지 시각으로 9시 30분에 워싱턴에 도착할 예정입니다.
- 140 **Would you care for** any drinks?
  음료를 드시겠어요?
- 141 **I'm worried that I might** be anxious during the flight.
  비행 내내 불안할까 봐 걱정돼.

Day 3 Immigration 출입국에서 — 259
- 142 **May I see** your passport, please?
  여권을 보여 주시겠어요?
- 143 **What's the purpose of** your visit?
  방문 목적이 무엇인가요?
- 144 **I'm here** on vacation.
  휴가차 왔어요.

Day 4 At the Hotel 호텔에서 — 263
- 145 **I have a reservation** for a room with twin beds.
  침대가 두 개인 방으로 예약했어요.
- 146 **Can you help me** find the hotel restaurant?
  호텔 식당 찾는 것을 도와주시겠어요?
- 147 **How do I call** room service?
  룸서비스에 어떻게 연결하나요?

Day 5 Sightseeing 관광하기 — 267
- 148 **You're not allowed to** bring food in here.
  이곳에 음식물을 반입하시면 안 됩니다.
- 149 **I can't afford to** eat in a restaurant.
  나는 식당에서 식사할 여유가 없어.
- 150 The Eiffel Tower **is the most famous** landmark in Paris.
  에펠탑은 파리에서 가장 유명한 장소예요.

WEEK 10 Review — 272

Basic Patterns Contents

WEEK 1 Be Verbs

Day 1	Be동사 am	am+명사	am+형용사	am+전치사 in
Day 2	Be동사 are	are+명사	are+형용사	are+전치사 from
Day 3	Be동사 is	is+명사	is+형용사	is+전치사 on
Day 4	Be동사 was	was+명사	was+형용사	was+전치사 for
Day 5	Be동사 were	were+명사	were+형용사	were+전치사 with

WEEK 2 Tenses

Day 1	단순현재	take	likes	goes
Day 2	단순과거	asked	put	made
Day 3	미래시제	will be	will+verb	be going to+verb
Day 4	현재진행	am ~ing	are ~ing	is ~ing
Day 5	현재완료	have been	have known	has finished

WEEK 3 Pronouns / Adverbs / Auxiliary Verbs

Day 1	대명사 I	This is	That's	It's
Day 2	대명사 II	These are	Those are	They're
Day 3	부사	There's	There are	Here is
Day 4	조동사 I	can	may	must
Day 5	조동사 II	could	would	should

WEEK 4 Interrogatives / Conjunctions

Day 1	의문사 I	Who	When	Where
Day 2	의문사 II	What	Why	How
Day 3	의문사 III	How many	How much	How often
Day 4	접속사 I	and	but	or
Day 5	접속사 II	while	because	if

WEEK 1

Day 1 안부 인사
Day 2 날씨
Day 3 시간
Day 4 교통수단
Day 5 길 묻기

DAILY ACTIVITIES

길에서 우연히 친구를 만나 Greetings(안부 인사)를 해요. Weather(날씨)부터 시작해서 Time(시간)과 관련된 이야기까지 하고 나니 약속 시간에 늦었어요. 빨리 가기 위해 버스를 탈까, 지하철을 탈까 Transportation(교통수단)에 대해 고민해요. 처음 가는 곳이라 어딘지 잘 몰라서 지나가는 사람에게 Asking for Directions(길 묻기)를 해요.

Preview

Pattern 001 — **Say hello to** your family for me.
네 가족에게 안부 전해줘.

Pattern 002 — **Let's get together** again this weekend.
이번 주말에 다시 만나자.

Pattern 003 — I miss my childhood **sometimes**, too.
나도 가끔 내 어린 시절이 그리워.

Pattern 004 — **How's the weather** outside?
밖에 날씨는 어때?

Pattern 005 — **The weather forecast said** it'll be sunny today.
일기 예보에서 오늘 날씨가 맑을 것이라고 했어.

Pattern 006 — **This is good weather for** going on a picnic.
소풍 가기에 좋은 날씨야.

Pattern 007 — **What time** does the train leave?
몇 시에 그 기차가 출발하니?

Pattern 008 — **It's time to** go home now.
이제 집에 가야 할 시간이야.

Pattern 009 — The first train for Seoul **leaves at** 6:00 a.m.
서울행 첫 기차는 아침 6시에 출발해.

Pattern 010 — **How long does it take to get** there?
그곳까지 가는 데 얼마나 걸리니?

Pattern 011 — **It takes about** an hour to get there by bus.
버스로 그곳까지 가는 데 대략 1시간이 걸려.

Pattern 012 — You'd better **transfer to** the subway here.
여기에서 지하철로 갈아타는 게 나아.

Pattern 013 — **How can I get to** the nearest subway station?
가장 가까운 지하철역까지 어떻게 가나요?

Pattern 014 — **How far** is it?
거리가 얼마나 되나요?

Pattern 015 — **Is this the right way to** the bus stop?
이 길이 버스 정류장으로 가는 올바른 길인가요?

DAY 1

안부 인사
Greetings

Pattern 001
Say hello to your family for me.

Pattern 002
Let's get together again this weekend.

Pattern 003
I miss my childhood **sometimes**, too.

PATTERN 001

Say hello to your family for me.

네 가족에게 안부 전해줘.

Say hello to ~는 '~에게 안부 전해줘'라는 의미로, 유사한 표현에는 give my best regards to ~가 있다.

Say hello to your parents.
네 부모님께 안부 전해드려.

Say hello to your co-worker, Mike.
네 동료인, Mike에게 안부 전해줘.

Say hello to your friends, Amy and Alice.
네 친구들인, Amy와 Alice에게 안부 전해줘.

PATTERN 002

Let's get together again this weekend.

이번 주말에 다시 만나자.

Let's get together ~는 '~에 만나자'라는 의미로, 만남을 제안할 때 사용하는 표현이다.

Let's get together soon.
곧 만나자.

Let's get together after work this Friday.
이번 주 금요일 퇴근 후에 만나자.

Let's get together next month and watch a movie.
다음 달에 만나서 영화 보자.

PATTERN 003

I miss my childhood **sometimes**, too.
나도 가끔 내 어린 시절이 그리워.

I ~ sometimes는 '나는 가끔 ~'이라는 의미로, 빈도나 횟수를 나타낼 때 사용한다. 빈도를 나타내는 말에는 always(항상), usually(보통), often(종종) 등이 있다.

> **I feel homesick sometimes.**
> 나는 가끔 고향이 그리워.
>
> **I hang out with Lily and Adam sometimes.**
> 나는 가끔 Lily와 Adam과 어울려 놀아.
>
> **I wonder about my old friends sometimes.**
> 나는 가끔 내 오랜 친구들에 대해 궁금해.

Tips from Natives

Korean : I am happy to meet you.

Native : **It's a pleasure to meet you.**

만나서 반가워요.

처음 만난 사람에게 사용하는 표현인 It's a pleasure to meet you.는 정중한 자리에서나 편안한 자리, 어느 곳에서든 사용할 수 있어요. 그 외에, 처음 만났을 때의 인사말로는 How do you do?와 Nice to meet you. 등이 있어요.

DIALOGUE

일상생활 – 안부 인사

A : How have you been?

B : I've been doing fine. How about you?

A : I'm good. Talking to you reminds me of my childhood.

B : **I miss my childhood sometimes, too. Say hello to your family for me.**

A : I will. We should see each other more often.

B : OK. **Let's get together again this weekend.**

A: 어떻게 지냈니?

B: 나는 잘 지냈어. 너는 어때?

A: 나도 잘 지내. 너랑 이야기하니 내 어린 시절이 떠올라.

B: 나도 가끔 내 어린 시절이 그리워.
   네 가족에게 안부 전해줘.

A: 그렇게. 우리 좀 더 자주 만나도록 해.

B: 좋아. 이번 주말에 다시 만나자.

DAY 2

날씨
Weather

Pattern 004

How's the weather outside?

Pattern 005

The weather forecast said it'll be sunny today.

Pattern 006

This is good weather for going on a picnic.

PATTERN 004

How's the weather outside?

밖에 날씨는 어때?

How's the weather ~?는 '~의 날씨는 어때?'라는 의미로, 날씨의 상태를 물을 때 사용하는 표현들 중 하나이다. 동일한 표현으로 What's the weather like ~?가 있다.

How's the weather in Sydney today?
오늘 시드니의 날씨는 어때?

How's the weather where you live?
네가 사는 곳의 날씨는 어때?

How's the weather in Paris during the winter?
겨울 동안 파리의 날씨는 어때?

PATTERN 005

The weather forecast said it'll be sunny today.

일기 예보에서 오늘 날씨가 맑을 것이라고 했어.

The weather forecast said ~는 '일기 예보에서 ~라고 했어'라는 의미로, 예보된 날씨에 대해 말할 때 사용하는 표현이다.

The weather forecast said it would rain this afternoon.
일기 예보에서 오늘 오후에 비가 올 것이라고 했어.

The weather forecast said it'll be cloudy all day long.
일기 예보에서 하루 종일 흐릴 것이라고 했어.

The weather forecast said we should expect some snow soon.
일기 예보에서 곧 눈이 올 것이라고 했어.

PATTERN 006

This is good weather for going on a picnic.

소풍 가기에 좋은 날씨야.

This is good weather for ~는 '~하기에 좋은 날씨야'라는 의미로, be good for는 '~에 좋다'라는 뜻을 표현한다.

This is good weather for taking a walk.
산책하기에 좋은 날씨야.

This is good weather for outdoor sports.
야외 운동하기에 좋은 날씨야.

This is good weather for going to the beach.
해변에 가기에 좋은 날씨야.

Tips from Natives

Korean : I'm so hot.

Native : **It's so hot.**

날씨가 참 덥네요.

일반적으로 hot은 '(날씨가) 더운'이라는 의미가 있지만, '(외향적으로) 매력적인'이라는 의미도 있어요. 따라서 '날씨가 참 덥네요.'라고 표현할 때는 날씨를 나타내는 비인칭 주어 it을 사용해서 It's so hot.이라고 말해요.

Weather | 23

DIALOGUE

일상생활 – 날씨

A : **How's the weather outside?**

B : It's nice out there. **This is good weather for going on a picnic.**

A : Have you checked today's forecast?

B : Yes. **The weather forecast said it'll be sunny today.**

A : Shall we go for a walk in the park nearby?

B : Sounds nice.

A: 밖에 날씨는 어때?
B: 밖은 화창해. 소풍 가기에 좋은 날씨야.
A: 오늘 일기 예보를 확인했니?
B: 응. 일기 예보에서 오늘 날씨가 맑을 거라고 했어.
A: 우리 근처 공원에 산책 갈까?
B: 좋지.

DAY

「 시간

Time 」

Pattern 007

What time does the train leave?

Pattern 008

It's time to go home now.

Pattern 009

The first train for Seoul **leaves at** 6:00 a.m.

PATTERN 007

What time does the train leave?

몇 시에 그 기차가 출발하니?

What time ~?은 '몇 시에 ~?'라는 의미로, 시간을 물을 때 사용하는 가장 기본적인 표현이다. 그 외에, What time is it? 등의 다른 표현들도 사용할 수 있다.

What time does the movie start?
몇 시에 그 영화는 시작하니?

What time will you come to the airport?
몇 시에 너는 공항에 올 거니?

What time is your lunch break at your company?
너희 회사의 점심시간은 몇 시니?

PATTERN 008

It's time to go home now.

이제 집에 가야 할 시간이야.

It's time to ~는 '~할 시간이야'라는 의미로, it은 시간을 의미하는 비인칭 주어로 '그것'이라고 해석하지 않는다.

It's time to wrap it up.
마쳐야 할 시간이야.

It's time to take a break.
쉬는 시간이야.

It's time to finish your meal.
식사를 마쳐야 할 시간이야.

PATTERN 009

The first train for Seoul **leaves at** 6:00 a.m.

서울행 첫 기차는 아침 6시에 출발해.

leave at ~은 '~(시간)에 출발하다'라는 의미로, leave는 현재 시제로 표현하지만 미래의 의미가 있다.

> My flight to Turkey **leaves at** noon.
> 터키로 가는 내 비행기는 정오에 출발해.
>
> The last bus to my town **leaves at** 10:40 p.m.
> 우리 마을로 가는 마지막 버스는 밤 10시 40분에 출발해.
>
> The cruise ship to Japan **leaves at** 7:00 a.m. on Friday.
> 일본행 유람선은 금요일 아침 7시에 출발해.

Tips from Natives

Korean : What is time?

Native : **What is the time?**

몇 시인가요?

시간을 물어보는 표현에는 What is the time?, What time is it?, Do you have the time? 등이 있어요. 이때, Do you have a time?은 문법적으로 잘못된 표현이며, Do you have time?은 '시간 있어요?'라는 의미이니 주의하세요.

DIALOGUE

일상생활 – 시간

A: **It's time to go home now.**
   I'm going to Seoul tomorrow for the first train.

B: **What time does the train leave?**

A: **The first train for Seoul leaves at 6:00 a.m.**

B: You're leaving so early! Have a safe trip!

A: Thanks. Bye.

A: 이제 집에 가야 할 시간이야.
   내일 첫 기차로 서울에 갈 예정이야.
B: 몇 시에 그 기차가 출발하니?
A: 서울행 첫 기차는 아침 6시에 출발해.
B: 일찍 떠나네! 안전하게 다녀와!
A: 고마워. 잘 있어.

DAY 4

교통수단
Transportation

Pattern 010

How long does it take to get there?

Pattern 011

It takes about an hour to get there by bus.

Pattern 012

You'd better transfer to the subway here.

PATTERN 010

How long does it take to get there?

그곳까지 가는 데 얼마나 걸리니?

How long does it take to get ~?은 '~까지 가는 데 얼마나 걸리니?'라는 의미로, 거리에 따르는 시간의 소요를 물어볼 때 사용하는 표현이다.

How long does it take to get to Spain by plane?
비행기로 스페인까지 가는 데 얼마나 걸리니?

How long does it take to get to Daejeon by train?
기차로 대전까지 가는 데 얼마나 걸리니?

How long does it take to get to the hotel from the airport?
공항에서 호텔까지 가는 데 얼마나 걸리니?

PATTERN 011

It takes about an hour to get there by bus.

버스로 그곳까지 가는 데 대략 1시간이 걸려.

It takes about ~은 '대략 ~이 걸려'라는 의미로, 비인칭 주어 it과 함께 쓰여 소요된 시간을 표현한다.

It takes about five minutes to arrive here by taxi.
택시로 이곳에 도착하는 데 대략 5분이 걸려.

It takes about four hours if there is a lot of traffic.
교통이 혼잡하면 대략 4시간이 걸려.

It takes about two hours to get to the office by car.
차로 사무실까지 가는 데 대략 2시간이 걸려.

PATTERN 012

You'd better **transfer to** the subway here.

여기에서 지하철로 갈아타는 게 나아.

transfer to ~는 '~로 갈아타다'라는 의미로, 교통수단을 갈아탈 때나 이직과 이적을 표현할 때도 사용한다.

Transfer to the express bus at Union Station.
Union역에서 고속버스로 갈아타.

We need to **transfer to** another plane in an hour.
우리는 1시간 이내에 다른 비행기로 갈아타야 해.

Take line number 5 and **transfer to** line number 3.
5호선을 타고 가서, 3호선으로 갈아타.

Tips from Natives

Korean : Take a bus to get there.

Native : **You need to take a bus to get there.**

그곳에 가려면 버스를 타야 해요.

길 찾기의 표현에서 You need to ~는 좀 더 공손함을 보여주거나 명령조로 말하는 것을 피하게 해 줘요. 따라서 You need to take a bus to get there.라고 한다면, 친절한 여러분의 모습에 외국인도 감사해 할 거예요.

Transportation | 31

DIALOGUE

일상생활 – 교통수단

A : Excuse me. Does this bus go to city hall?

B : Yes, but it takes quite a long time.

A : **How long does it take to get there?**

B : **It takes about an hour to get there by bus. You'd better transfer to the subway here.**

A : Thank you very much.

A: 실례합니다. 이 버스 시청으로 가나요?
B: 네, 하지만 시간이 꽤 오래 걸려요.
A: 그곳까지 가는 데 얼마나 걸리나요?
B: 버스로 그곳까지 가는 데 대략 1시간이 걸려요. 여기에서 지하철로 갈아타는 게 나아요.
A: 매우 감사해요.

DAY 5

길 묻기
Asking for Directions

Pattern 013

How can I get to the nearest subway station?

Pattern 014

How far is it?

Pattern 015

Is this the right way to the bus stop?

PATTERN 013

How can I get to the nearest subway station?

가장 가까운 지하철역까지 어떻게 가나요?

How can I get to ~?는 '(제가) ~까지 어떻게 가나요?'라는 의미로, 길 묻기에서 자주 사용하는 표현이다. 유사한 표현으로 Can you tell me where ~? 등이 있다.

How can I get to Hankook National University?
한국 국립 대학교까지 어떻게 가나요?

How can I get to COEX from the hotel?
호텔에서 COEX까지 어떻게 가나요?

How can I get to the Incheon International Airport?
인천 국제공항까지 어떻게 가나요?

PATTERN 014

How far is it?

거리가 얼마나 되나요?

How far ~?는 '(~까지 거리가) 얼마나 되나요?'라는 의미로, 지리적이거나 공간적인 거리를 물어볼 때 자주 사용하는 표현이다.

How far are we from Toronto?
우리는 토론토에서 얼마나 떨어져 있나요?

How far is it from Beijing to Shanghai?
북경에서 상해까지 거리가 얼마나 되나요?

How far is the National Museum from here?
여기에서 국립 박물관까지 거리가 얼마나 되나요?

PATTERN 015

Is this the right way to the bus stop?

이 길이 버스 정류장으로 가는 올바른 길인가요?

Is this the right way to ~?는 '이 길이 ~로 가는 올바른 길인가요?'라는 의미로, 방향이나 길을 의미하는 단어인 way를 사용한 길 묻기의 표현 중 하나이다.

Is this the right way to the theater?
이 길이 극장으로 가는 올바른 길인가요?

Is this the right way to the Opera House?
이 길이 오페라 하우스로 가는 올바른 길인가요?

Is this the right way to get downtown?
이 길이 시내로 가는 올바른 길인가요?

Tips from Natives

Korean : I'm a stranger here.

Native : **I'm new here.**

저는 이곳이 처음이에요.

초행길에서 '저는 이곳이 처음이에요.'라는 의미로 사용되는 I'm a stranger here.는 틀린 표현은 아니지만, I'm new here.나 I'm not from around here.가 요즘 더 흔하게 사용되는 표현이에요.

Asking for Directions | 35

DIALOGUE

일상생활 – 길 묻기

A : Excuse me. **Is this the right way to the bus stop?**

B : I'm afraid not.

A : **How far is it?**

B : It's about 3 km. How about taking the subway?

A : **How can I get to the nearest subway station?**

B : Go straight one block and then turn right.

A : 실례합니다. 이 길이 버스 정류장으로 가는 올바른 길인가요?

B : 안타깝지만 아니에요.

A : 거리가 얼마나 되나요?

B : 약 3km 정도예요. 지하철을 타는 게 어때요?

A : 가장 가까운 지하철역까지 어떻게 가나요?

B : 한 블록 직진한 후 우회전 하세요.

ENGLISH THEMES

안부 인사와 작별 인사

How are you doing?
잘 지내?

How have you been?
어떻게 지냈어?

Long time no see.
오랜만이야.

I've missed you so much.
정말 보고 싶었어.

Greetings
안부 인사

I have to go now.
이제 가봐야겠어.

I'm off now. Have a good day!
나 이제 가. 좋은 하루 보내!

See you later.
나중에 보자.

Stay in touch.
연락하면서 지내자.

Goodbyes
작별 인사

Review

1. 거리가 얼마나 되나요?

2. 일기 예보에서 오늘 날씨가 맑을 것이라고 했어.

3. 이 길이 버스 정류장으로 가는 올바른 길인가요?

4. 네 가족에게 안부 전해줘.

5. 버스로 그곳까지 가는 데 대략 1시간이 걸려.

6. 밖에 날씨는 어때?

7. 몇 시에 그 기차가 출발하니?

8. 이제 집에 가야 할 시간이야.

9. 나도 가끔 내 어린 시절이 그리워.

10. 서울행 첫 기차는 아침 6시에 출발해.

11. 그곳까지 가는 데 얼마나 걸리니?

12. 가장 가까운 지하철역까지 어떻게 가나요?

13. 여기에서 지하철로 갈아타는 게 나아.

14. 이번 주말에 다시 만나자.

15. 소풍 가기에 좋은 날씨야.

Answers

1. How far is it?
2. The weather forecast said it'll be sunny today.
3. Is this the right way to the bus stop?
4. Say hello to your family for me.
5. It takes about an hour to get there by bus.
6. How's the weather outside?
7. What time does the train leave?
8. It's time to go home now.
9. I miss my childhood sometimes, too.
10. The first train for Seoul leaves at 6:00 a.m.
11. How long does it take to get there?
12. How can I get to the nearest subway station?
13. You'd better transfer to the subway here.
14. Let's get together again this weekend.
15. This is good weather for going on a picnic.

WEEK 2

Day 1 물건 찾기
Day 2 물건 고르기
Day 3 구매하기
Day 4 계산대에서
Day 5 환불 받기

SHOPPING

오늘은 Shopping(쇼핑)을 하는 날이에요. 남자들은 Looking for an Item (물건 찾기)부터 하지만, 여자들은 신중하게 둘러보며 Selecting an Item (물건 고르기)을 해요. Purchase(구매하기)를 결정하고 Cashier(계산대)에서 계산을 해요. 백화점을 나오자마자 지름신이 강림한 것에 대한 후회가 밀려오기 시작해요. 다시 들어가서 Getting a Refund(환불 받기)를 해요.

Preview

Pattern 016	**I'm looking for** an automatic camera. 저는 자동카메라를 찾고 있어요.
Pattern 017	**Where can I find** laptops? 어디에서 노트북 컴퓨터를 찾을 수 있나요?
Pattern 018	**They are in** the computer section. 그것들은 컴퓨터 구역에 있어요.
Pattern 019	**I found some** jackets, but they're too expensive. 몇 벌의 재킷을 골랐는데, 너무 비싸요.
Pattern 020	**I need something** a little less expensive. 좀 더 저렴한 것이 필요해요.
Pattern 021	**How do I look in** this jacket? 나에게 이 재킷이 잘 어울려?
Pattern 022	**I'd like to** pay for this item. 이 물건의 비용을 지불하고 싶어요.
Pattern 023	**How much does** this **cost**? 이것은 얼마인가요?
Pattern 024	**I'll buy** a bottle of water. 나는 물 한 병을 살 거야.
Pattern 025	**Do you need** anything else? 다른 것 필요하세요?
Pattern 026	**I'll wait until** it's on sale. 할인할 때까지 기다릴게요.
Pattern 027	**Can you check** if this credit card is usable? 이 신용 카드가 사용 가능한지 확인해 주시겠어요?
Pattern 028	**I shouldn't have bought** this one. 이것을 사지 말았어야 했어.
Pattern 029	**I'm returning** this coat. 이 코트를 반환하려고 해요.
Pattern 030	**I'm afraid we can't** give you a refund without the receipt. 유감이지만 영수증이 없으면 환불해 드릴 수 없어요.

DAY 1

물건 찾기
Looking for an Item

Pattern 016
I'm looking for an automatic camera.

Pattern 017
Where can I find laptops?

Pattern 018
They are in the computer section.

PATTERN 016

I'm looking for an automatic camera.

저는 자동카메라를 찾고 있어요.

I'm looking for ~는 '저는 ~을 찾고 있어요'라는 의미로, 유사한 의미인 I'm searching for ~는 사람이나 사물 등을 주의 깊게 찾아보는 것을 의미한다.

I'm looking for a sweater.
저는 스웨터를 찾고 있어요.

I'm looking for a new line of sportswear.
저는 신상품 운동복을 찾고 있어요.

I'm looking for the latest version of the iPod.
저는 최신 버전의 아이팟을 찾고 있어요.

PATTERN 017

Where can I find laptops?

어디에서 노트북 컴퓨터를 찾을 수 있나요?

Where can I find ~?는 '(제가) 어디에서 ~을 찾을 수 있나요?'라는 의미로, 질문을 할 때는 주로 물건의 복수형을 써서 표현한다.

Where can I find jeans?
어디에서 청바지를 찾을 수 있나요?

Where can I find sneakers?
어디에서 운동화를 찾을 수 있나요?

Where can I find cosmetics?
어디에서 화장품을 찾을 수 있나요?

PATTERN 018

They are in the computer section.

그것들은 컴퓨터 구역에 있어요.

They are in ~은 '그것들은 ~에 있어요'라는 의미로, 물건이 있는 장소의 위치나 방향을 알려줄 때 사용하는 표현이다.

They are in the electronics section.
그것들은 전자제품 구역에 있어요.

They are in the photography section.
그것들은 사진 구역에 있어요.

They are in the basement.
그것들은 지하에 있어요.

Tips from Natives

Korean : Where is scotch tape?

Native : **Where is the sticky tape?**

접착용 테이프는 어디에 있어요?

scotch tape는 콩글리시로 올바른 영어 표현은 sticky tape 혹은 adhesive tape예요. 이 외에, 호치키스는 stapler, 샤프는 mechanical pencil, 볼펜은 ball-point pen, 사인펜은 felt-tip pen, 매직펜은 marker, 화이트는 correction fluid, 포스트잇은 sticky note라고 해요.

DIALOGUE

쇼핑 – 물건 찾기

A: Hi. May I help you?

B: **I'm looking for an automatic camera.**

A: The cameras are downstairs.

B: Thanks. **Sorry, but where can I find laptops?**

A: **They are in the computer section.**

B: Thank you very much for your help.

A: 안녕하세요. 도와드릴까요?
B: 저는 자동카메라를 찾고 있어요.
A: 카메라는 아래층에 있어요.
B: 고맙습니다. 죄송하지만, 어디에서 노트북 컴퓨터를 찾을 수 있나요?
A: 그것들은 컴퓨터 구역에 있어요.
B: 도와주셔서 매우 고마워요.

DAY 2

물건 고르기
Selecting an Item

Pattern 019
I found some jackets, but they're too expensive.

Pattern 020
I need something a little less expensive.

Pattern 021
How do I look in this jacket?

PATTERN 019

I found some jackets, but they're too expensive.

몇 벌의 재킷을 골랐는데, 너무 비싸요.

I found some ~은 '(저는) 몇 개의 ~을 골랐어요'라는 의미로, some 뒤에 오는 가산 명사는 복수 형태로 표현해야 한다.

I found some novels and essays.
몇 권의 소설책과 수필책을 골랐어요.

I found some pencils and erasers.
몇 개의 연필과 지우개를 골랐어요.

I found some nice earrings and necklaces.
몇 쌍의 멋진 귀고리와 목걸이를 골랐어요.

PATTERN 020

I need something a little less expensive.

좀 더 저렴한 것이 필요해요.

I need something ~은 '(저는) ~한 것이 필요해요'라는 의미로, 형용사의 비교급을 사용해 필요한 물건에 대한 자신의 요구 사항을 명확하게 표현할 수 있다.

I need something smaller.
더 작은 것이 필요해요.

I need something larger than this.
이것보다 더 큰 것이 필요해요.

I need something a bit more special for a gift.
선물용으로 좀 더 특별한 것이 필요해요.

PATTERN 021

How do I look in this jacket?

나에게 이 재킷이 잘 어울려?

How do I look in ~?은 본래 '~을 입은 내가 어떻게 보여?'라는 의미이지만, '나에게 ~이 잘 어울려?'로 해석할 수 있다.

How do I look in this suit?
나에게 이 정장이 잘 어울려?

How do I look in this striped shirt?
나에게 이 줄무늬 셔츠가 잘 어울려?

How do I look in these shorts?
나에게 이 반바지가 잘 어울려?

Tips from Natives

Korean : Do you have new stock?

Native : **Do you have this item in stock?**
이 물건의 재고가 있나요?

'이 물건의 재고가 있나요?'는 Do you have this item in stock?이라고 해요. 반면에 '그 상품은 품절됐어요.'는 The item is out of stock.이고, '그 상품은 일시 품절됐어요.'는 The item is temporarily out of stock.으로 표현해요.

Selecting an Item | 49

DIALOGUE

쇼핑 – 물건 고르기

A : **I found some jackets, but they're too expensive. I need something a little less expensive.**

B : What about this jacket? I think it will suit you well.

A : I'll try it on. **How do I look in this jacket?**

B : You look great in that jacket.

A: 몇 벌의 재킷을 골랐는데, 너무 비싸.
   좀 더 저렴한 것이 필요해.
B: 이 재킷은 어때? 너한테 잘 어울릴 것 같은데.
A: 한번 입어볼게. 나에게 이 재킷이 잘 어울려?
B: 너에게 그 재킷이 정말 잘 어울려.

DAY 3

구매하기
Purchase

Pattern 022
I'd like to pay for this item.

Pattern 023
How much does this **cost**?

Pattern 024
I'll buy a bottle of water.

PATTERN 022

I'd like to pay for this item.

이 물건의 비용을 지불하고 싶어요.

I'd like to ~는 '(저는) ~하고 싶어요'라는 의미로, 원하는 것을 요구하는 표현인 I want to ~ 보다 정중한 표현이다.

I'd like to buy this wallet.
이 지갑을 사고 싶어요.

I'd like to purchase these appliances.
이 가정용 기기들을 구입하고 싶어요.

I'd like to pay for these with my credit card.
신용 카드로 이 물건들의 비용을 지불하고 싶어요.

PATTERN 023

How much does this cost?

이것은 얼마인가요?

How much does ~ cost?는 '~은 (비용이) 얼마인가요?'라는 의미로, 유사한 표현으로는 How much is ~?가 있다.

How much does this sofa **cost**?
이 소파는 얼마인가요?

How much does this computer **cost**?
이 컴퓨터는 얼마인가요?

How much does this magazine **cost**?
이 잡지는 얼마인가요?

PATTERN 024

I'll buy a bottle of water.

나는 물 한 병을 살 거야.

I'll buy ~는 '나는 ~을 살 거야'라는 의미로, 자신이 선택한 물건을 구입할 의사를 나타낼 때 사용할 수 있는 표현이다.

I'll buy some newly released DVDs.
나는 새로 출시된 DVD 몇 개를 살 거야.

I'll buy some bread and orange juice.
나는 몇 개의 빵과 오렌지 주스를 살 거야.

I'll buy a bag of apples and a bunch of bananas.
나는 사과 한 봉지와 바나나 한 다발을 살 거야.

Tips from Natives

Korean : I'd like to buy nine milks, please.
Native : **I'd like to buy nine cartons of milk, please.**
우유 아홉 곽을 사고 싶어요.

불가산 명사의 수량을 말할 때는, carton(곽), bottle(병), glass(유리잔) 등과 같이 해당 명사를 담는 용기를 활용해서 표현해요. 예를 들어, 우유 한 곽은 a carton of milk, 우유 아홉 곽은 nine cartons of milk라고 해요.

Purchase | 53

DIALOGUE
쇼핑 – 구매하기

A : What are you going to buy?

B : **I'll buy a bottle of water.**
But there's no price tag.
How much does this cost?

A : Here is the price. It's $1 each.

B : **I'd like to pay for this item.**

A : The counter is right over there.

A: 무엇을 살 거야?
B: 나는 물 한 병을 살 거야.
그런데 가격표가 없어.
이것은 얼마지?
A: 여기 가격이 있네. 한 개에 1달러야.
B: 이 물건의 비용을 지불하고 싶어.
A: 계산대는 바로 저쪽에 있어.

DAY 4

계산대에서
At the Cashier

Pattern 025
Do you need anything else?

Pattern 026
I'll wait until it's on sale.

Pattern 027
Can you check if this credit card is usable?

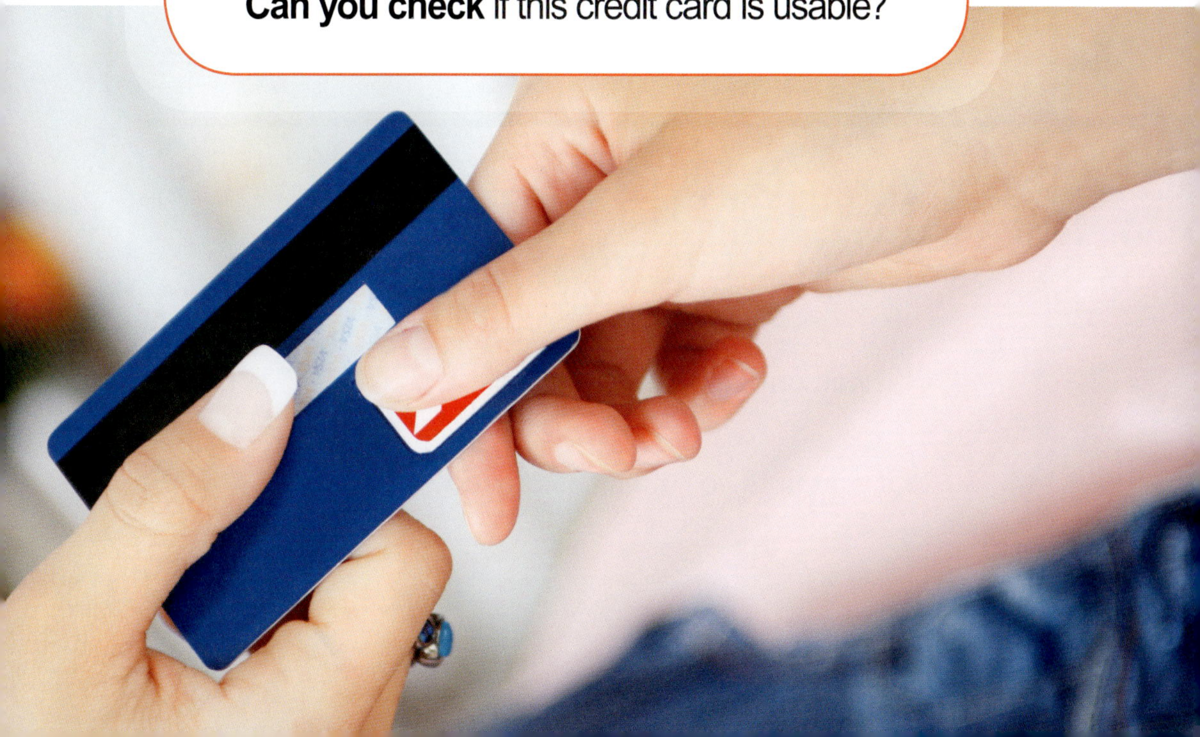

PATTERN 025

Do you need anything else?

다른 것 필요하세요?

Do you need ~?는 '(당신은) ~이 필요하세요?'라는 의미이며, Do you need anything else?는 물건을 구매할 때 점원들이 많이 물어보는 질문 중 하나이다.

Do you need to get a refund?
환불이 필요하세요?

Do you need a shopping bag?
쇼핑백이 필요하세요?

Do you need some gift cards by any chance?
혹시 상품권이 필요하세요?

PATTERN 026

I'll wait until it's on sale.

할인할 때까지 기다릴게요.

I'll wait until ~은 '(저는) ~할 때까지 기다릴게요'라는 의미로, until이 '~할 때까지'라는 의미의 접속사로 쓰일 때는 until 뒤에 주어+동사의 형태가 온다.

I'll wait until the prices are lower.
가격이 더 내려갈 때까지 기다릴게요.

I'll wait until the item is available.
그 상품을 구입할 수 있을 때까지 기다릴게요.

I'll wait until you offer it at a special price.
그것을 특별 가격으로 판매할 때까지 기다릴게요.

PATTERN 027

Can you check if this credit card is usable?

이 신용 카드가 사용 가능한지 확인해 주시겠어요?

Can you check ~?는 '(당신은) ~을 확인해 주시겠어요?'라는 의미로, 더욱 공손하게 부탁할 때는 could를 써서 표현한다.

Can you check if this price tag is right?
이 가격표가 맞는지 확인해 주시겠어요?

Can you check how many points I have?
제 포인트가 얼마나 있는지 확인해 주시겠어요?

Can you check if this cap is available in any other color?
이 모자의 다른 색상이 있는지 확인해 주시겠어요?

Tips from Natives

Korean : I'm eye shopping.

Native : **I'm just window shopping.**

그냥 구경하고 있어요.

물건을 사지 않고 그냥 구경만 하는 것을 window shopping이라고 해요. 점원이 '도와드릴까요?'라는 의미로, May I help you?라고 하면 '그냥 구경하고 있어요.'라는 의미인, I'm just window shopping. 혹은 I'm just browsing.이라고 말하면 돼요.

DIALOGUE

쇼핑 – 계산대에서

A: Excuse me. Is this coat on sale?

B: I'm afraid not. It might be on sale next week.

A: **Then I'll wait until it's on sale.**

B: **Do you need anything else?**

A: No, thanks. I'll pay for these with this card. **Can you check if this credit card is usable?**

B: No problem.

A: 실례해요. 이 코트는 할인 중인가요?
B: 유감이지만 아니에요. 다음 주에 할인할 수도 있어요.
A: 그렇다면 할인할 때까지 기다릴게요.
B: 다른 것 필요하세요?
A: 아니요. 이 카드로 이 물건들을 계산할게요.
　　이 신용 카드가 사용 가능한지 확인해 주시겠어요?
B: 물론이죠.

DAY 5

환불 받기
Getting a Refund

Pattern 028
I shouldn't have bought this one.

Pattern 029
I'm returning this coat.

Pattern 030
I'm afraid we can't give you a refund without the receipt.

PATTERN 028

I shouldn't have bought this one.

이것을 사지 말았어야 했어.

I shouldn't have+p.p ~는 '(나는) ~을 하지 말았어야 했어'라는 의미로, 과거의 행동에 대한 후회를 나타내는 표현이다.

I shouldn't have gone inside the store.
가게 안으로 들어가지 말았어야 했어.

I shouldn't have purchased this on impulse.
충동적으로 이것을 구매하지 말았어야 했어.

I shouldn't have listened to the salesperson there.
그곳에서 판매원의 말을 듣지 말았어야 했어.

PATTERN 029

I'm returning this coat.

이 코트를 반환하려고 해요.

I'm returning ~은 '(저는) ~을 반환하려고 해요'라는 의미로, 구입한 물건을 돌려주며 환불 및 교환을 요구할 때 사용하는 표현이다.

I'm returning this table lamp.
이 탁자 스탠드를 반환하려고 해요.

I'm returning this electric shaver.
이 전기면도기를 반환하려고 해요.

I'm returning these dress shirts.
이 와이셔츠들을 반환하려고 해요.

PATTERN 030

I'm afraid we can't give you a refund without the receipt.

유감이지만 영수증이 없으면 환불해 드릴 수 없어요.

I'm afraid we can't ~는 '(저는) 유감이지만 (저희는) ~할 수 없어요'라는 의미로, 상대방의 요청을 정중하게 거절할 때 사용하는 표현이다.

I'm afraid we can't issue a refund without the price tag.
유감이지만 가격표가 없으면 환불해 드릴 수 없어요.

I'm afraid we can't replace it with a new one.
유감이지만 그것을 새 제품으로 교환해 드릴 수 없어요.

I'm afraid we can't give you an exchange on that item.
유감이지만 그 물건을 교환해 드릴 수 없어요.

Tips from Natives

Korean : Can I refund this?

Native : **Can I get a refund on this item?**

이 물건을 환불 받을 수 있을까요?

refund는 '환불하다'라는 의미이므로 '환불을 받다'라는 표현은 have a refund 또는 get a refund라고 해야 해요. 참고로, 물건을 교환하고 싶을 때는 '교환하다'라는 의미의 단어인 exchange로 표현해요. 예를 들어, '이 재킷을 교환하고 싶어요.'는 I'd like to exchange this jacket.으로 표현할 수 있어요.

Getting a Refund | 61

DIALOGUE

쇼핑 – 환불 받기

A: How may I help you?

B: **I'm returning this coat.
I shouldn't have bought this one.**

A: Do you have your receipt?

B: Sure, I have it. Oh, I think I lost it.

A: **I'm afraid we can't give you a refund without the receipt.**

A: 무엇을 도와드릴까요?

B: 이 코트를 반환하려고 해요.
   이것을 사지 말았어야 했어요.

A: 영수증을 가지고 계신가요?

B: 물론 가지고 있죠. 앗, 영수증을 잃어버린 것 같아요.

A: 유감이지만 영수증이 없으면 환불해 드릴 수 없어요.

ENGLISH THEMES

만족과 불평

I'm happy with it.
나는 그것으로 행복해.

I'm pleased with what I've done.
내가 한 일에 만족해.

That was excellent!
훌륭했어!

I'm satisfied.
나는 만족해.

Satisfaction
만족

I'm sick and tired of it.
진절머리가 나.

This is so boring.
너무 지겨워.

This is so stressful.
너무 스트레스 받아.

You always complain.
너는 항상 투덜거려.

Complaints
불평

English Themes | 63

1. 나에게 이 재킷이 잘 어울려?

2. 이것은 얼마인가요?

3. 어디에서 노트북 컴퓨터를 찾을 수 있나요?

4. 저는 자동카메라를 찾고 있어요.

5. 다른 것 필요하세요?

6. 이 물건의 비용을 지불하고 싶어요.

7. 유감이지만 영수증이 없으면 환불해 드릴 수 없어요.

8. 좀 더 저렴한 것이 필요해요.

9. 이 신용 카드가 사용 가능한지 확인해 주시겠어요?

10. 이 코트를 반환하려고 해요.

11. 몇 벌의 재킷을 골랐는데, 너무 비싸요.

12. 그것들은 컴퓨터 구역에 있어요.

13. 할인할 때까지 기다릴게요.

14. 이것을 사지 말았어야 했어.

15. 나는 물 한 병을 살 거야.

Answers

1. How do I look in this jacket?
2. How much does this cost?
3. Where can I find laptops?
4. I'm looking for an automatic camera.
5. Do you need anything else?
6. I'd like to pay for this item.
7. I'm afraid we can't give you a refund without the receipt.
8. I need something a little less expensive.
9. Can you check if this credit card is usable?
10. I'm returning this coat.
11. I found some jackets, but they're too expensive.
12. They are in the computer section.
13. I'll wait until it's on sale.
14. I shouldn't have bought this one.
15. I'll buy a bottle of water.

Review | 65

WEEK 3

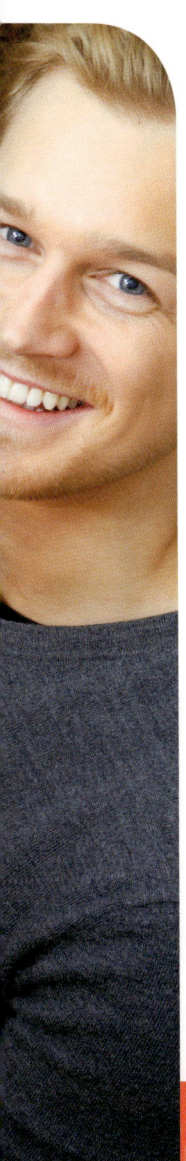

Day 1 전화로 약속 정하기
Day 2 만나서 약속 정하기
Day 3 극장에서
Day 4 축하와 이벤트
Day 5 교제하기

HANGING OUT

Hanging Out(친구들과 어울리기)을 위해 Making Plans over the Phone(전화로 약속 정하기)을 해요. 같은 학교에 다니는 친구는 Making Plans in Person(만나서 약속 정하기)을 해요. 우선 Theater(극장)로 가서 영화를 본 후, 식사를 하며 이번 달의 Celebrations and Events(축하와 이벤트)에 대해 이야기해요. 새로운 사람들과의 Socializing(교제하기)을 위해 생일인 친구에게 이성 친구들을 초대하라고 권해요.

Preview

Pattern 031 **May I speak to** Amy, please?
Amy와 통화할 수 있을까요?

Pattern 032 **Could you tell her** to call me back, please?
그녀에게 저에게 전화하라고 전해 주시겠어요?

Pattern 033 **I'll call you** right back.
곧바로 너에게 전화할게.

Pattern 034 **What time shall we** pick you up?
우리 몇 시에 널 데리러 갈까?

Pattern 035 **I'm sorry, but** I have to work until seven this evening.
미안하지만, 오늘 저녁 7시까지 일해야 해.

Pattern 036 **When are you** free?
너는 언제 한가하니?

Pattern 037 **Which movie** do you want to watch?
너는 어떤 영화를 보고 싶니?

Pattern 038 I've heard it **isn't as good as** the first one.
그것은 첫 번째 것만큼 괜찮지 않다고 들었어.

Pattern 039 **I'm interested in** romantic movies.
나는 로맨틱 영화에 관심이 있어.

Pattern 040 **Do you plan on** going to Julie's birthday party?
Julie의 생일 파티에 갈 계획이니?

Pattern 041 **I was thinking about** going to the party.
나는 파티에 갈까 생각 중이었어.

Pattern 042 **I'm assuming that** the party will start around eight.
파티는 8시쯤 시작될 것으로 생각해.

Pattern 043 **It's been a long time since** I saw you last.
마지막으로 너를 봤던 이후로 오랜만이네.

Pattern 044 **When was the last time** we saw each other?
우리가 마지막으로 서로 봤던 게 언제였지?

Pattern 045 **It seems like** you're doing well.
너는 잘하고 있는 것 같아.

DAY 1

전화로 약속 정하기
Making Plans over the Phone

Pattern 031
May I speak to Amy, please?

Pattern 032
Could you tell her to call me back, please?

Pattern 033
I'll call you right back.

PATTERN 031

May I speak to Amy, please?

Amy와 통화할 수 있을까요?

May I speak to ~?는 '(제가) ~와 통화할 수 있을까요?'라는 의미로, may 대신 can으로도 표현할 수 있다.

May I speak to Dave if he's available?
Dave가 괜찮으면 통화할 수 있을까요?

May I speak to Tom if he's not busy?
Tom이 바쁘지 않으면 통화할 수 있을까요?

May I speak to Jane in the PR Department?
홍보부 Jane과 통화할 수 있을까요?

PATTERN 032

Could you tell her to call me back, please?

그녀에게 저에게 전화하라고 전해 주시겠어요?

Could you tell her ~?는 '(당신은) 그녀에게 ~라고 전해 주시겠어요?'라는 의미로, 통화하고자 하는 상대가 부재중이어서 제삼자에게 메시지를 남길 때 사용하는 표현이다.

Could you tell her to answer her cell phone, please?
그녀에게 휴대 전화를 받으라고 전해 주시겠어요?

Could you tell her our plan for tomorrow is off, please?
그녀에게 내일 계획이 취소되었다고 전해 주시겠어요?

Could you tell her I'll call back around six o'clock, please?
그녀에게 제가 6시쯤에 다시 전화하겠다고 전해 주시겠어요?

PATTERN 033

I'll call you right back.

곧바로 너에게 전화할게.

I'll call you ~는 '(내가 ~하면) 너에게 전화할게'라는 의미로, 전화할 계획을 상대방에게 알릴 때 사용하는 표현이다.

I'll call you some time this week.
이번 주 중에 너에게 전화할게.

I'll call you when we've arranged the schedule.
우리가 계획을 짜고 나서 너에게 전화할게.

I'll call you when we've decided where we will meet.
우리가 어디에서 만날지 정하고 나서 너에게 전화할게.

Tips from Natives

Korean
A : Hello. May I speak to Tim, please?   B : I am Tim.

Native
A : Hello. May I speak to Tim, please?   B : This is he.
여보세요, Tim과 통화할 수 있을까요?   저예요.

전화상에서 '저예요.'는 I am.이 아닌 Speaking. 이라 하고, 받는 사람의 성별에 따라 This is she.나 This is he.라고 말해요.

Making Plans over the Phone | 71

DIALOGUE

친구들과 어울리기 – 전화로 약속 정하기

A: Hello. **May I speak to Amy, please?**

B: She's not home at the moment.

A: **Could you tell her to call me back, please?**

B: Sure.

\<A few minutes later\>

C: Hello, Julie. This is Amy.

A: Hi, Amy. Where are we meeting tonight?

C: I need to talk to Tina first. **I'll call you right back.**

A: OK. Talk to you later.

A: 여보세요. Amy와 통화할 수 있을까요?
B: 지금 집에 없는데.
A: 그녀에게 저에게 전화하라고 전해 주시겠어요?
B: 그럴게.
〈몇 분 후〉
C: 여보세요, Julie. 나 Amy야.
A: 안녕, Amy. 우리 오늘 밤에 어디에서 만날 거니?
C: Tina랑 먼저 이야기를 해봐야 해. 곧바로 너에게 전화할게.
A: 알았어. 나중에 통화하자.

DAY 2

만나서 약속 정하기
Making Plans in Person

Pattern 034

What time shall we pick you up?

Pattern 035

I'm sorry, but I have to work until seven this evening.

Pattern 036

When are you free?

PATTERN 034

What time shall we pick you up?

우리 몇 시에 널 데리러 갈까?

What time shall we ~?는 '우리 몇 시에 ~할까?'라는 의미로, 함께 무엇을 하기 위한 시간을 정하거나 물어볼 때 사용할 수 있는 표현이다.

What time shall we make it?
우리 몇 시에 만날까?

What time shall we join you?
우리 몇 시에 너희들과 합류할까?

What time shall we get together?
우리 몇 시에 모일까?

PATTERN 035

I'm sorry, but I have to work until seven this evening.

미안하지만, 오늘 저녁 7시까지 일해야 해.

I'm sorry, but ~은 '(나는) 미안하지만, ~'이라는 의미로, 요청이나 권유받은 일을 거절하거나, 할 수 없는 이유에 대해 설명할 때 사용하는 표현이다.

I'm sorry, but I can't meet you until eight.
미안하지만, 8시까지 너를 만날 수 없어.

I'm sorry, but I can't hang out with you today.
미안하지만, 오늘 너희들과 어울리지 못할 것 같아.

I'm sorry, but I can only stay with you for an hour.
미안하지만, 너희들과 1시간만 함께 할 수 있어.

PATTERN 036

When are you free?

너는 언제 한가하니?

When are you ~?는 '너는 언제 ~하니?'라는 의미로, 상대방에게 가능한 시간을 물어볼 때 사용하는 표현이다.

When are you available?
너는 언제 시간이 괜찮니?

When are you coming over for dinner?
너는 언제 저녁 먹으러 올 거니?

When are you going to come over and see us?
너는 언제 우리를 보러 올 예정이니?

Tips from Natives

Korean : Next week I go.

Native : I'm planning on going next week.

다음 주에 가려고 생각 중이에요.

'언제 갈 거예요?'라는 질문인 When are you going?에 대한 대답으로, I'm planning on going next week. 이라는 정확한 문장으로 표현하면 고급스럽게 자신의 계획을 나타낼 수 있어요. 자신의 계획을 말할 때는 I am planning on ~을 써서 표현해 보세요.

Making Plans in Person | 75

DIALOGUE

친구들과 어울리기 – 만나서 약속 정하기

A : I'm having dinner with Jack at seven o'clock this evening. Do you want to join us?

B : **I'm sorry, but I have to work until seven this evening.**

A : **When are you free?**

B : Any time after seven o'clock is fine.

A : **What time shall we pick you up?**

B : It would be great at 7:10.

A : 오늘 저녁 7시에 Jack과 함께 저녁을 먹을 거야. 너도 함께 할래?

B : 미안하지만, 오늘 저녁 7시까지 일해야 해.

A : 너는 언제 한가해?

B : 7시 이후로는 언제든지 괜찮아.

A : 우리가 몇 시에 널 데리러 갈까?

B : 7시 10분이 좋을 것 같아.

DAY 3

극장에서
At the Theater

Pattern 037
Which movie do you want to watch?

Pattern 038
I've heard it **isn't as good as** the first one.

Pattern 039
I'm interested in romantic movies.

PATTERN 037

Which movie do you want to watch?

너는 어떤 영화를 보고 싶니?

Which movie ~?는 '어떤 영화를 ~?'이라는 의미로, '영화'는 미국식 영어로는 movie, 영국식 영어로는 film이라고 한다.

Which movie is your favorite?
너는 어떤 영화를 가장 좋아하니?

Which movie do you like better?
너는 어떤 영화를 더 좋아하니?

Which movie have you seen lately?
너는 최근에 어떤 영화를 봤니?

PATTERN 038

I've heard it isn't as good as the first one.

그것은 첫 번째 것만큼 괜찮지 않다고 들었어.

be not as good as ~는 '~만큼 좋지 않다'라는 의미로, 두 개의 대상을 비교하는 표현이다.

This cinema **isn't as good as** the one downtown.
이 극장은 시내에 있는 것만큼 좋지 않아.

This Japanese movie **isn't as good as** the Korean one.
이 일본 영화는 한국 영화만큼 괜찮지 않아.

The cinema's popcorn **isn't as good as** the homemade kind.
그 극장의 팝콘은 집에서 만든 것만큼 맛있지 않아.

PATTERN 039

I'm interested in romantic movies.

나는 로맨틱 영화에 관심이 있어.

I'm interested in ~은 '나는 ~에 관심이 있어'라는 의미로, 어떤 것에 대한 관심이나 흥미를 나타낼 때 사용할 수 있는 표현이다.

I'm interested in good scripts.
나는 좋은 각본에 관심이 있어.

I'm interested in this director's movies.
나는 이 감독의 영화에 관심이 있어.

I'm interested in collecting cinema tickets.
나는 영화표를 모으는 데 관심이 있어.

Tips from Natives

Korean : I buy two tickets.

Native : **Two tickets, please.**
  표 두 장 주세요.

매표소에서 표를 살 때 정중하게 Two tickets, please.라고 말하면 판매원이 아주 상냥하게 표 두 장을 줄 거예요. 영어 문장에서는 please를 붙이면 정중한 표현이 된다는 것을 기억하세요.

At the Theater | 79

DIALOGUE

친구들과 어울리기 – 극장에서

A : **Which movie do you want to watch?**

B : **I'm interested in romantic movies.**

A : Do you want to watch Bridget Jones 2?

B : **I've heard it isn't as good as the first one.**

A : 너는 어떤 영화를 보고 싶니?
B : 나는 로맨틱 영화에 관심이 있어.
A : 브리짓 존스 2 볼래?
B : 그것은 첫 번째만큼 괜찮지 않다고 들었어.

DAY 4

축하와 이벤트
Celebrations and Events

Pattern 040
Do you plan on going to Julie's birthday party?

Pattern 041
I was thinking about going to the party.

Pattern 042
I'm assuming that the party will start around eight.

PATTERN 040

Do you plan on going to Julie's birthday party?

Julie의 생일 파티에 갈 계획이니?

Do you plan on ~?은 '(너는) ~을 할 계획이니?'라는 의미이며, 계획을 나타내는 다른 표현에는 be planned to ~와 plan to ~ 등이 있다.

> **Do you plan on** attending the festival on Friday?
> 금요일 축제에 참석할 계획이니?
>
> **Do you plan on** throwing a promotion party for Tom?
> Tom의 승진 축하 파티를 열 계획이니?
>
> **Do you plan on** postponing the cookout because of the weather?
> 날씨 때문에 야외 파티를 연기할 계획이니?

PATTERN 041

I was thinking about going to the party.

나는 파티에 갈까 생각 중이었어.

I was thinking about ~은 '나는 ~할까 생각 중이었어'라는 의미로, 자신이 생각하고 있었던 일에 대해 말할 때 사용하는 표현이다.

> **I was thinking about** inviting some close friends.
> 나는 친한 친구들 몇 명을 초대할까 생각 중이었어.
>
> **I was thinking about** throwing a going-away party for him.
> 나는 그를 위해서 환송 파티를 열까 생각 중이었어.
>
> **I was thinking about** canceling the get-together this weekend.
> 나는 이번 주말 모임을 취소할까 생각 중이었어.

PATTERN 042

I'm assuming that the party will start around eight.

파티는 8시쯤 시작될 것으로 생각해.

I'm assuming that ~은 '(나는) ~라고 생각해'라는 의미로, 어떤 일에 대한 추측을 나타낼 때 사용하는 표현이다.

> **I'm assuming that** it's a casual-dress occasion.
> 평상복을 입는 행사라고 생각해.
>
> **I'm assuming that** you need to bring your own food.
> 각자 음식을 가져와야 할 거라고 생각해.
>
> **I'm assuming that** the ceremony will be on February 22nd.
> 그 행사는 2월 22일에 있을 것이라고 생각해.

Tips from Natives

Korean : We have all night in my home.
Native : **We're having a pajama party at my house tonight.**
오늘 밤 우리 집에서 밤샘 파티를 할 거야.

잘못된 영어인 all night의 올바른 표현은 pajama party나 sleepover예요. 이 외에, 아기를 가졌을 때 친구들과 함께 축하하는 파티를 baby shower라 하고, 정원이나 해변에서 고기나 소시지 등을 구워 먹으며 함께 즐기는 파티를 barbecue party라고 해요.

DIALOGUE

친구들과 어울리기 – 축하와 이벤트

A: **Do you plan on going to Julie's birthday party?**

B: I'm not sure yet. How about you?

A: **I was thinking about going to the party.**
You should come, too.

B: What time is the party?

A: **I'm assuming that the party will start around eight.**

A: Julie의 생일 파티에 갈 계획이니?
B: 아직 확실하지 않아. 너는 어떻게 할 거야?
A: 나는 파티에 갈까 생각 중이었어.
    너도 와야 해.
B: 파티가 몇 시야?
A: 파티는 8시쯤 시작될 것으로 생각해.

DAY 5

교제하기
Socializing

Pattern 043
It's been a long time since I saw you last.

Pattern 044
When was the last time we saw each other?

Pattern 045
It seems like you're doing well.

Pattern 043

It's been a long time since I saw you last.

마지막으로 너를 봤던 이후로 오랜만이네.

It's been a long time since ~는 '~한 이후로 오랜만이네'라는 의미로, 안부 말하기의 표현 중 하나이다. It's는 It has의 줄임말임에 유의하도록 한다.

> **It's been a long time since** we last met.
> 우리가 마지막으로 만났던 이후로 오랜만이네.
>
> **It's been a long time since** your last visit.
> 너의 마지막 방문 이후로 오랜만이네.
>
> **It's been a long time since** I last heard from you.
> 마지막으로 네 소식을 들었던 이후로 오랜만이네.

Pattern 044

When was the last time we saw each other?

우리가 마지막으로 서로 봤던 게 언제였지?

When was the last time ~?은 '마지막으로 ~한 게 언제였지?'라는 의미로, 시간 말하기의 표현 중 하나이다.

> **When was the last time** we had dinner together?
> 우리가 마지막으로 함께 저녁을 먹었던 게 언제였지?
>
> **When was the last time** we went bowling together?
> 우리가 마지막으로 함께 볼링을 치러 갔던 게 언제였지?
>
> **When was the last time** we watched a movie together?
> 우리가 마지막으로 함께 영화를 봤던 게 언제였지?

PATTERN 045

It seems like you're doing well.

너는 잘하고 있는 것 같아.

It seems like ~는 '~인 것 같아'라는 의미로, like는 '좋아하다'라는 뜻의 동사가 아닌 '~처럼', '~와 같이'라는 뜻의 전치사로 사용되었다.

It seems like you're in trouble.
너는 안 좋은 일이 있는 것 같아.

It seems like you've been successful.
너는 성공해 온 것 같아.

It seems like we have perfect teamwork.
우리는 완벽한 팀워크를 가진 것 같아.

Tips from Natives

Korean : It's a narrow world!
Native : **It's a small world!**

세상 참 좁군요!

small과 narrow는 둘 다 '좁다'라는 의미를 가지고 있지만, '세상 참 좁군요!'는 It's a small world! 라고 하며, 감탄문으로 나타낼 때는 What a small world!라고도 표현할 수 있어요. 참고로, '속이 좁은 사람'은 narrow-minded person이라고 해요.

Socializing

DIALOGUE

친구들과 어울리기 – 교제하기

A: Hi, Tom. **It's been a long time since I saw you last.**

B: **When was the last time we saw each other?**

A: I think it was about two years ago.

B: Where have you been?

A: I've been working at a bank.

B: That's great. **It seems like you're doing well.**

A: 안녕, Tom. 마지막으로 너를 봤던 이후로 오랜만이네.

B: 우리가 마지막으로 서로 봤던 게 언제였지?

A: 2년 전이었던 것 같은데.

B: 그동안 어디에 있었어?

A: 나는 은행에서 일하고 있었어.

B: 잘됐다. 너는 잘하고 있는 것 같아.

ENGLISH THEMES

일치와 불일치

I totally agree with you.
나는 전적으로 동의해.

I'm with you.
나는 네 편이야.

You can say that again.
동감이야.

You're absolutely right.
네가 전적으로 옳아.

Agreement 일치

I don't agree with that.
나는 동의하지 않아.

That doesn't make any sense.
말도 안 돼.

I doubt it.
그거 의심스러운데.

I don't think so.
나는 그렇게 생각하지 않아.

Disagreement 불일치

Review

1. 파티는 8시쯤 시작될 것으로 생각해.

2. 우리가 마지막으로 서로 봤던 게 언제였지?

3. Amy와 통화할 수 있을까요?

4. 그녀에게 저에게 전화하라고 전해 주시겠어요?

5. 너는 어떤 영화를 보고 싶니?

6. 곧바로 너에게 전화할게.

7. 너는 잘하고 있는 것 같아.

8. 미안하지만, 오늘 저녁 7시까지 일해야 해.

9. 그것은 첫 번째 것만큼 괜찮지 않다고 들었어.

10. 나는 로맨틱 영화에 관심이 있어.

11. Julie의 생일 파티에 갈 계획이니?

12. 우리 몇 시에 널 데리러 갈까?

13. 나는 파티에 갈까 생각 중이었어.

14. 마지막으로 너를 봤던 이후로 오랜만이네.

15. 너는 언제 한가하니?

Answers

1. I'm assuming that the party will start around eight.
2. When was the last time we saw each other?
3. May I speak to Amy, please?
4. Could you tell her to call me back, please?
5. Which movie do you want to watch?
6. I'll call you right back.
7. It seems like you're doing well.
8. I'm sorry, but I have to work until seven this evening.
9. I've heard it isn't as good as the first one.
10. I'm interested in romantic movies.
11. Do you plan on going to Julie's birthday party?
12. What time shall we pick you up?
13. I was thinking about going to the party.
14. It's been a long time since I saw you last.
15. When are you free?

WEEK 4

Day 1 도서관에서
Day 2 미용실에서
Day 3 관공서에서
Day 4 은행에서
Day 5 카페에서

PLACES

외국여행을 위해 Library(도서관)에서 열심히 영어 공부를 하고 있는데, 갑자기 여권이 만기되었음이 생각나요. 여권에 필요한 사진을 찍기 위해 Hair Salon(미용실)에 들러 머리를 정리하고 Government Office(관공서)로 가요. Bank(은행)에 들러 여행을 위한 통장을 개설하고 Café(카페)에 가서 유창하게 영어로 대화하는 자신의 모습을 떠올리며 커피 한 잔을 해요.

Preview

Pattern 046 — **You can find it** in the periodical section.
정기 간행물 구역에서 찾을 수 있어요.

Pattern 047 — **Can I check out** periodicals and novels?
정기 간행물들과 소설책들을 대출할 수 있나요?

Pattern 048 — All novels **are due within** ten days.
모든 소설류는 10일 이내로 대출할 수 있어요.

Pattern 049 — **I need to get** my hair cut.
머리를 잘라야 할 것 같아.

Pattern 050 — **It'll really suit** you perfectly.
너에게 완벽하게 잘 어울릴 거야.

Pattern 051 — **This is exactly what** I wanted.
이것이 바로 내가 원했던 거야.

Pattern 052 — **Where do I go to** get a passport?
여권을 발급받는 곳이 어디인가요?

Pattern 053 — **I apologize for** keeping you waiting.
기다리게 해서 사과드립니다.

Pattern 054 — Which form **am I supposed to** complete?
제가 어떤 양식을 완성해야 하나요?

Pattern 055 — **If you're going to** withdraw cash, you can use any ATM.
현금을 인출하려면, 현금 자동 입출금기를 이용하시면 됩니다.

Pattern 056 — **What's the maximum amount** that I can withdraw?
제가 인출할 수 있는 최대 금액은 얼마인가요?

Pattern 057 — **Would you fill out** this application form, please?
이 신청서를 작성해 주시겠어요?

Pattern 058 — **How would you like** your coffee?
커피를 어떻게 해 드릴까요?

Pattern 059 — **No** sugar **with** my coffee, please.
제 커피에 설탕은 넣지 마세요.

Pattern 060 — **Would you like** cream in your coffee?
커피에 크림은 어떠세요?

DAY 1

도서관에서
At the Library

Pattern 046
You can find it in the periodical section.

Pattern 047
Can I check out periodicals and novels?

Pattern 048
All novels **are due within** ten days.

Pattern 046

You can find it in the periodical section.

정기 간행물 구역에서 찾을 수 있어요.

You can find it ~은 '(당신은 그것을) ~에서 찾을 수 있어요'라는 의미로, 사물의 위치를 알려줄 때 사용하는 표현이다.

> **You can find it** on top of the bookshelf.
> 책장 맨 위에서 찾을 수 있어요.
>
> **You can find it** in the university library, but not here.
> 여기가 아니라, 대학 도서관에서 찾을 수 있어요.
>
> **You can find it** on the third floor in the reading room.
> 3층 열람실에서 찾을 수 있어요.

Pattern 047

Can I check out periodicals and novels?

정기 간행물들과 소설책들을 대출할 수 있나요?

Can I check out ~?은 '(제가) ~을 대출할 수 있나요?'라는 의미로, check out은 '(호텔에서 비용을 내고) 나가다', '~을 확인하다' 등의 다양한 의미가 있다.

> **Can I check out** ten books at a time?
> 한 번에 10권의 도서들을 대출할 수 있나요?
>
> **Can I check out** some fashion magazines?
> 몇 권의 패션 잡지들을 대출할 수 있나요?
>
> **Can I check out** this English dictionary?
> 이 영어 사전을 대출할 수 있나요?

PATTERN 048

All novels **are due within** ten days.

모든 소설류는 10일 이내로 대출할 수 있어요.

be due within ~은 '~이내로 대출할 수 있어요'라는 의미로, 대출 기간을 알려주는 표현이다.

> All magazines **are due within** a week.
> 모든 잡지류는 일주일 이내로 대출할 수 있어요.
>
> The audio books **are due within** five days.
> 오디오 책류는 5일 이내로 대출할 수 있어요.
>
> The newly released DVDs **are due within** three days.
> 새롭게 출시된 DVD들은 3일 이내로 대출할 수 있어요.

Tips from Natives

Korean : Can I have this book outside?

Native : **May I check out this book?**

이 책을 대출할 수 있나요?

도서관에서 책을 대출할 때는 May I check out this book?이나 May I take this book out of the library?라는 표현들을 쓸 수 있어요. borrow는 '~을 빌리다'라는 의미이며, take out은 '~을 (가지고) 나가다'라는 뜻이 있어요.

At the Library | 97

DIALOGUE

장소 – 도서관에서

A : Where can I find the Times?

B : **You can find it in the periodical section.**

A : **Can I check out periodicals and novels?**

B : Sorry. You can only check out novels.

A : I see. How long can I check out the novels for?

B : **All novels are due within ten days.**

A : 타임즈지는 어디에 있나요?
B : 정기 간행물 구역에서 찾을 수 있어요.
A : 정기 간행물들과 소설책들을 대출할 수 있나요?
B : 죄송합니다. 오직 소설책들만 대출할 수 있어요.
A : 알았습니다. 소설책들은 얼마 동안 빌릴 수 있나요?
B : 모든 소설류는 10일 이내로 대출할 수 있어요.

DAY 2

미용실에서
At the Hair Salon

Pattern 049
I need to get my hair cut.

Pattern 050
It'll really suit you perfectly.

Pattern 051
This is exactly what I wanted.

PATTERN 049

I need to get my hair cut.

머리를 잘라야 할 것 같아.

I need to get ~은 '(나는) ~해야 할 것 같아'라는 의미로, 필요에 대한 표현이다. 이 구문에서는 get 대신 have를 사용할 수 있다.

I need to get my hair dyed.
머리를 염색해야 할 것 같아.

I need to get my hair permed.
머리를 파마해야 할 것 같아.

I need to get my hair trimmed.
머리를 정리해야 할 것 같아.

PATTERN 050

It'll really suit you perfectly.

너에게 완벽하게 잘 어울릴 거야.

It'll really suit ~은 '(그것은) ~에 잘 어울릴 거야'라는 의미로, suit 대신 fit도 사용된다.

It'll really suit you best.
너에게 가장 잘 어울릴 거야.

It'll really suit you having your hair cut short.
머리를 짧게 자르는 것이 너에게 잘 어울릴 거야.

It'll really suit your face, and it's easy to take care of.
네 얼굴에도 잘 어울리고, 손질하기도 쉬울 거야.

PATTERN 051

This is exactly what I wanted.

이것이 바로 내가 원했던 거야.

This is exactly what ~은 '이것이 바로 ~이야'라는 의미로, what은 '~하는 것'이라는 의미로 사용된다.

This is exactly what I meant.
이것이 바로 내가 의미했던 거야.

This is exactly what I am here for.
이것이 바로 내가 여기 있는 이유야.

This is exactly what I need for the party tonight.
이것이 바로 내가 오늘 밤 파티를 위해 필요로 한 거야.

Tips from Natives

Korean : Please keep hair long.
Native : I'd just like a trim.

머리 정리만 해 주세요.

미용실에서 '머리 정리만 해 주세요.'라고 말하고 싶을 때는 I'd just like a trim.이라고 해요. 이 외에, 머리에 층을 주고 싶을 때는 I want my hair layered.라고 하고, 숱을 정리하고 싶다면 I want my hair thinned out.이라고 해요.

DIALOGUE

장소 – 미용실에서

A: How would you like your hair done?

B: **I need to get my hair cut.**
   I want to cut my hair bobbed.

A: **It'll really suit you perfectly.**

\<After finishing hair\>

B: Thanks. **This is exactly what I wanted.**

A: My pleasure. I'm glad you like it.

A: 머리를 어떻게 해 드릴까요?

B: 머리를 잘라야 할 것 같아요.
   단발머리로 해주세요.

A: 손님에게 완벽하게 잘 어울릴 거예요.

〈머리 손질 후〉

B: 고마워요. 이것이 바로 제가 원했던 거예요.

A: 천만에요. 마음에 들어 하시니 저도 좋네요.

DAY 3

관공서에서
At the Government Office

Pattern 052
Where do I go to get a passport?

Pattern 053
I apologize for keeping you waiting.

Pattern 054
Which form am I supposed to complete?

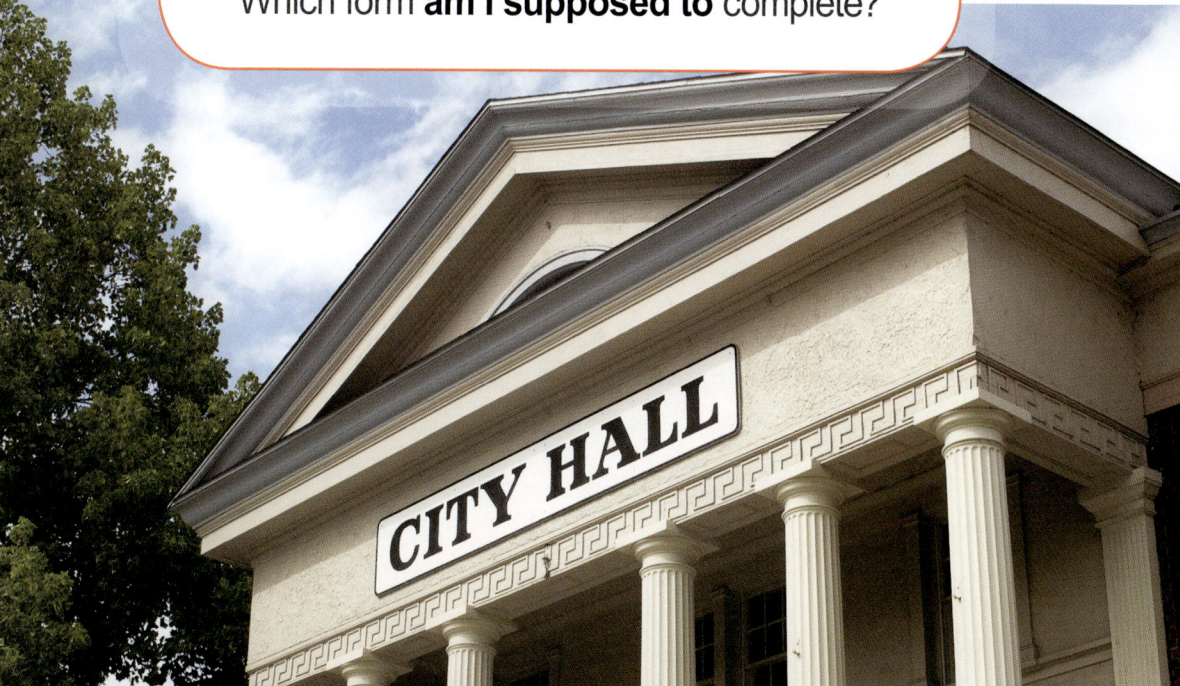

PATTERN 052

Where do I go to get a passport?

여권을 발급받는 곳이 어디인가요?

Where do I go to ~?는 본래 '~하려면 (제가) 어디로 가야 하나요?'라는 의미이지만, '(제가) ~하는 곳이 어디인가요?'라는 의미로 사용되었다.

Where do I go to register my residence?
거주지 등록을 하는 곳이 어디인가요?

Where do I go to get the driver's license issued?
운전면허증을 발급받는 곳이 어디인가요?

Where do I go to report a lost identification card?
신분증 분실 신고를 하는 곳이 어디인가요?

PATTERN 053

I apologize for keeping you waiting.

기다리게 해서 사과드립니다.

I apologize for ~는 '(제가) ~에 대해 사과드립니다'라는 의미로, 정중하게 사과할 때 사용할 수 있는 표현이다.

I apologize for the error.
착오에 대해 사과드립니다.

I apologize for any mistakes made by my staff.
저희 직원의 실수에 대해 사과드립니다.

I apologize for bothering you when you were busy.
바쁘신데 불편을 드린 점 사과드립니다.

PATTERN 054

Which form **am I supposed to** complete?

제가 어떤 양식을 완성해야 하나요?

am I supposed to ~?는 '제가 ~을 해야 하나요?'라는 의미로, be supposed to는 '~해야 하다', '~라고 하다' 등의 의미로 사용된다.

What **am I supposed to** take with me?
제가 무엇을 가지고 가야 하나요?

Am I supposed to give the papers to you?
제가 그 서류를 당신에게 드려야 하나요?

Who **am I supposed to** see for a visa interview?
비자 인터뷰를 위해 제가 누구를 찾아가야 하나요?

Tips from Natives

Korean : Where is immigration section?
Native : **Excuse me, where is the immigration section?**
실례지만, 이민국은 어디인가요?

처음 보는 사람들에게 무엇인가 물어볼 때는 Excuse me.를 써서 공손하게 표현하세요. 또한, 관공서의 부서명 앞에 the를 붙여야 한다는 것도 잊지 않도록 해요.

At the Government Office | 105

DIALOGUE

장소 – 관공서에서

A: **I apologize for keeping you waiting.** How can I help you?

B: **Where do I go to get a passport?**

A: You can get it in the civil affairs office.

B: I see. **Which form am I supposed to complete?**

A: Please fill out this application form. Here it is.

B: Thank you very much.

A: 기다리게 해서 사과드립니다.
　　무엇을 도와드릴까요?

B: 여권을 발급받는 곳이 어디인가요?

A: 민원 상담실에서 받으실 수 있습니다.

B: 알았습니다. 어떤 양식을 완성해야 하나요?

A: 이 신청서를 작성해 주세요. 여기 있습니다.

B: 매우 감사합니다.

DAY 4

은행에서
At the Bank

Pattern 055
If you're going to withdraw cash, you can use any ATM.

Pattern 056
What's the maximum amount that I can withdraw?

Pattern 057
Would you fill out this application form, please?

PATTERN 055

If you're going to withdraw cash, you can use any ATM.

현금을 인출하려면, 현금 자동 입출금기를 이용하시면 됩니다.

If you're going to ~는 '(당신이) ~을 하려면'이라는 의미로, 현재 일어나지 않은 미래의 일에 대한 가정을 나타내는 표현이다.

If you're going to open an account, you'll need to deposit $50.
통장을 개설하려면, 50달러를 입금해야 해요.

If you're going to deposit money, it'll be faster to use an ATM.
입금을 하려면, 현금 자동 입출금기를 이용하는 게 더 빨라요.

If you're going to apply for a loan, please speak to the branch manager.
대출을 신청하려면, 지점장님과 이야기 하세요.

PATTERN 056

What's the maximum amount that I can withdraw?

제가 인출할 수 있는 최대 금액은 얼마인가요?

What's the maximum amount ~?는 '~(에서) 최대 금액(양)은 얼마인가요?'라는 의미로, 제한된 양이나 금액을 물어볼 때 사용하는 표현이다.

What's the maximum amount that I can get a loan?
제가 대출받을 수 있는 최대 금액은 얼마인가요?

What's the maximum amount of interest on a deposit?
예금의 최고 이자는 얼마인가요?

What's the maximum amount that I can charge on my credit card?
제 신용 카드의 최대 사용액은 얼마인가요?

PATTERN 057

Would you fill out this application form, please?

이 신청서를 작성해 주시겠어요?

Would you fill out ~?은 '~을 작성해 주시겠어요?'라는 의미로, fill out은 '~을 메우다', '기재하다'라는 뜻이 있으며, 서류 작성을 요청할 때 사용되는 표현이다.

Would you fill out this form to close your savings account?
예금의 해약 신청서를 작성해 주시겠어요?

Would you fill out the registration form with your credit card in detail?
신용 카드의 등록양식을 상세하게 작성해 주시겠어요?

Would you fill out this form and sign your name at the bottom, please?
이 양식을 작성해 주시고 하단에 서명해 주시겠어요?

Tips from Natives

Korean : I make a deposit, please.

Native : **I'd like to make a deposit, please.**

입금을 하고 싶어요.

'입금을 하고 싶어요.'의 영어 표현으로, I make a deposit, please.도 올바르지만, 좀 더 공손하게 표현하고 싶다면 I'd like to make a deposit, please.라고 하면 돼요.

At the Bank | 109

DIALOGUE

장소 – 은행에서

A: I'd like to open a bank account.

B: **Would you fill out this application form, please?**

<A few minutes later>

B: Here are your bank account details and your debit card.

A: **What's the maximum amount that I can withdraw?**

B: You can withdraw a maximum of $500 a day.
If you're going to withdraw cash, you can use any ATM.

A: 은행 계좌를 개설하고 싶어요.

B: 이 신청서를 작성해 주시겠어요?

〈몇 분 후〉

B: 여기 고객님 계좌의 세부 정보와 현금 카드입니다.

A: 제가 인출할 수 있는 최대 금액은 얼마인가요?

B: 하루에 최대 500달러를 인출할 수 있습니다.
현금을 인출하려면, 현금 자동 입출금기를 이용하시면 됩니다.

DAY 5

카페에서

In the Café

Pattern 058

How would you like your coffee?

Pattern 059

No sugar with my coffee, please.

Pattern 060

Would you like cream in your coffee?

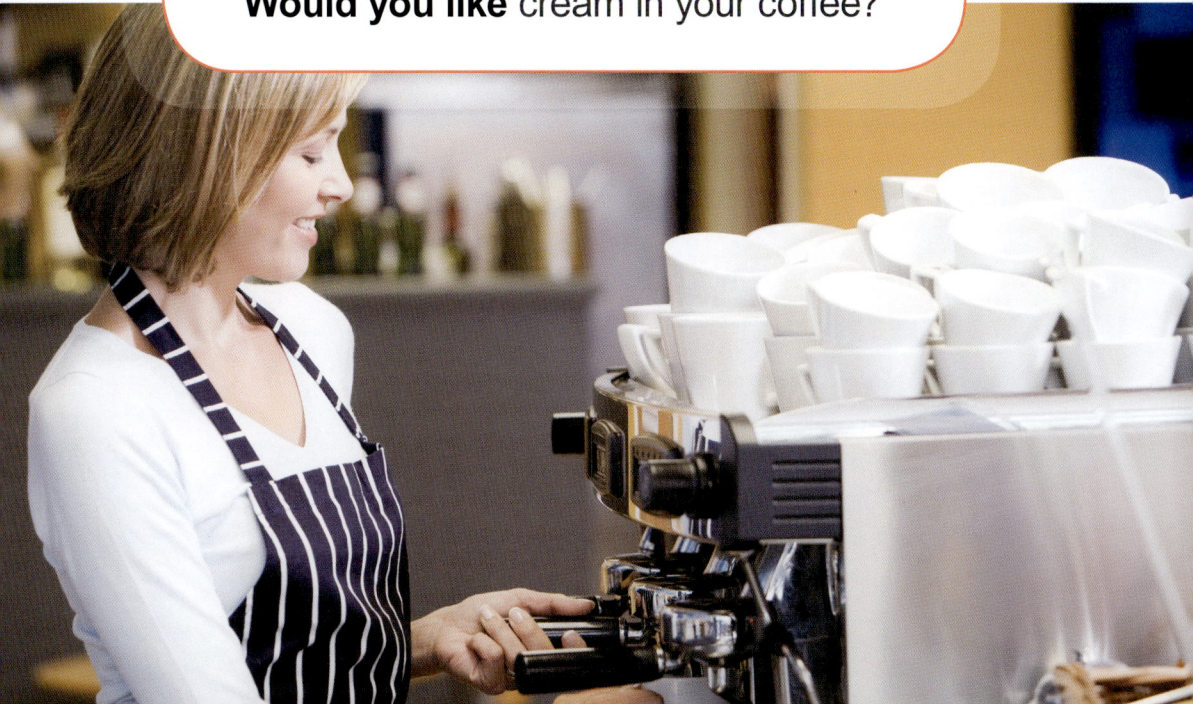

PATTERN 058

How would you like your coffee?

커피를 어떻게 해 드릴까요?

How would you like ~?는 '~을 어떻게 해 드릴까요?'라는 의미로, 상대방의 요구 사항에 대해 구체적으로 물어볼 때 사용할 수 있는 표현이다.

How would you like your green tea?
녹차를 어떻게 해 드릴까요?

How would you like your black tea, hot or iced?
홍차를 따뜻하게 해 드릴까요, 차갑게 해 드릴까요?

How would you like your americano, weak or strong?
아메리카노를 연하게 해 드릴까요, 진하게 해 드릴까요?

PATTERN 059

No sugar with my coffee, please.

제 커피에 설탕은 넣지 마세요.

No ~ with ~는 '~에 ~은 넣지 마세요'라는 의미로, 식당이나 카페에서 특정한 요구사항을 말할 때 사용할 수 있는 표현이다.

No ice **with** my coke, please.
제 콜라에 얼음은 넣지 마세요.

No cinnamon **with** my cappuccino, please.
제 카푸치노에 계피는 넣지 마세요.

No whipped cream **with** my iced mocha, please.
제 아이스모카에 휘핑크림은 넣지 마세요.

PATTERN 060

Would you like cream in your coffee?

커피에 크림은 어떠세요?

Would you like ~?는 '(당신은) ~은 어떠세요?'라는 의미로, 상대방의 의견을 묻거나 허락을 요청할 때 사용하는 표현이다.

Would you like lemon tea instead of green tea?
녹차 대신에 레몬차는 어떠세요?

Would you like syrup instead of jam with your waffle?
와플에 잼 대신 시럽은 어떠세요?

Would you like some cookies with your hot chocolate?
핫초콜릿과 함께 쿠키는 어떠세요?

Tips from Natives

Korean : I want big coffee, please.
Native : **I'd like to order a large coffee, please.**
　　　　큰 사이즈의 커피를 주문하고 싶어요.

커피를 주문할 때, 큰 사이즈의 커피는 big이 아닌 a large coffee라고 표현하며, '커피 한 잔'은 one coffee가 아닌 a cup of coffee로 표현해요. 크기별로는 the largest, regular 혹은 medium, the smallest 등으로 표현할 수 있어요.

DIALOGUE
장소 – 카페에서

A: May I take your order?

B: Yes, please. I'd like to have a cup of decaf coffee.

A: **How would you like your coffee?**

B: **No sugar with my coffee, please.**

A: **Would you like cream in your coffee?**

B: Yes, please.

A: 주문하시겠어요?

B: 네. 카페인 없는 커피 한 잔 주세요.

A: 커피를 어떻게 해 드릴까요?

B: 제 커피에 설탕은 넣지 마세요.

A: 커피에 크림은 어떠세요?

B: 네, 넣어 주세요.

ENGLISH THEMES

이해와 혼동

Understanding

I see.
알았어.

I understand you clearly.
명확하게 이해했어.

I see what you mean.
무슨 의미인지 알아.

I got your point.
무슨 말인지 알겠어.

이해

Confusion

Could you please repeat that?
다시 한 번 말해줄래?

Stop beating around the bush.
빙빙 돌리지 마.

What's your point?
요점이 뭐야?

I'm still confused.
여전히 이해가 안 돼.

혼동

1. 제 커피에 설탕은 넣지 마세요.

2. 커피에 크림은 어떠세요?

3. 모든 소설류는 10일 이내로 대출할 수 있어요.

4. 정기 간행물들과 소설책들을 대출할 수 있나요?

5. 너에게 완벽하게 잘 어울릴 거야.

6. 여권을 발급받는 곳이 어디인가요?

7. 기다리게 해서 사과드립니다.

8. 제가 어떤 양식을 완성해야 하나요?

9. 정기 간행물 구역에서 찾을 수 있어요.

■ 10. 제가 인출할 수 있는 최대 금액은 얼마인가요?

■ 11. 이 신청서를 작성해 주시겠어요?

■ 12. 현금을 인출하려면, 현금 자동 입출금기를 이용하시면 됩니다.

■ 13. 커피를 어떻게 해 드릴까요?

■ 14. 머리를 잘라야 할 것 같아.

■ 15. 이것이 바로 내가 원했던 거야.

Answers

1. No sugar with my coffee, please.
2. Would you like cream in your coffee?
3. All novels are due within ten days.
4. Can I check out periodicals and novels?
5. It'll really suit you perfectly.
6. Where do I go to get a passport?
7. I apologize for keeping you waiting.
8. Which form am I supposed to complete?
9. You can find it in the periodical section.
10. What's the maximum amount that I can withdraw?
11. Would you fill out this application form, please?
12. If you're going to withdraw cash, you can use any ATM.
13. How would you like your coffee?
14. I need to get my hair cut.
15. This is exactly what I wanted.

WEEK 5

Day 1 외식하기
Day 2 가장 좋아하는 음식
Day 3 주문하기
Day 4 음식에 대해 대화하기
Day 5 식사 후

EATING OUT

Eating Out(외식)을 하고 싶어서 친구에게 전화를 걸어 Going Out to Eat (외식하기)을 제안해요. 친구에게 Favorite Food(가장 좋아하는 음식)가 무엇인지 물어보고 맛집을 정해요. Order(주문하기)를 신중하게 한 후, Talking about Dishes(음식에 대해 대화하기)를 하며 맛있게 음식을 먹어요. After the Meal(식사 후)에 디저트를 먹으며 무엇을 할지 의논해요.

Preview

Pattern 061 — **Why don't we** go out for dinner tonight?
오늘 저녁에 외식하는 게 어때?

Pattern 062 — **Would you rather** have Japanese **or** Western food?
일식이나 양식 중 어느 것을 먹을래?

Pattern 063 — **I'd recommend** the King Steak House.
나는 King 스테이크 전문점을 추천하고 싶어.

Pattern 064 — **What kind of** food do you like the most?
어떤 종류의 음식을 너는 가장 좋아하니?

Pattern 065 — **My favorite food is** Korean food.
내가 가장 좋아하는 음식은 한식이야.

Pattern 066 — **That sounds** delicious.
그거 맛있겠는걸.

Pattern 067 — **I can't decide whether** to order seafood **or** chicken.
해산물 요리를 주문할지 닭 요리를 주문할지 결정하지 못했어.

Pattern 068 — **I'm thinking of** ordering chicken.
나는 닭 요리를 주문하려고 생각 중이야.

Pattern 069 — **Are you ready to** order your meal?
식사 주문하실 준비가 되셨나요?

Pattern 070 — **I can't live without** this restaurant's pasta.
나는 이 식당의 파스타 없이는 못 살아.

Pattern 071 — **I'm allergic to** fish.
나는 생선에 알레르기가 있어.

Pattern 072 — **I'm not used to eating** salmon.
나는 연어 먹는 것에 익숙하지 않아.

Pattern 073 — **May I have** some napkins, please?
냅킨을 좀 가져다주시겠어요?

Pattern 074 — **Are you finished with** your meal?
식사를 마치셨나요?

Pattern 075 — **Could you please bring us** two cups of black tea?
우리에게 홍차 두 잔을 가져다주시겠어요?

DAY 1

외식하기
Going Out to Eat

Pattern 061
Why don't we go out for dinner tonight?

Pattern 062
Would you rather have Japanese **or** Western food?

Pattern 063
I'd recommend the King Steak House.

PATTERN 061

Why don't we go out for dinner tonight?

오늘 저녁에 외식하는 게 어때?

Why don't we ~?는 '(우리) ~하는 게 어때?'라는 의미로, 제안하기의 표현이다. 유사한 표현으로는 What do you think of ~?와 How about ~? 등이 있다.

Why don't we have some sushi for lunch?
점심으로 초밥을 먹는 게 어때?

Why don't we eat out with my friends this Friday?
이번 금요일에 내 친구들과 함께 외식하는 게 어때?

Why don't we go out to a nice restaurant on Sunday?
일요일에 근사한 식당에 가서 식사하는 게 어때?

PATTERN 062

Would you rather have Japanese or Western food?

일식이나 양식 중 어느 것을 먹을래?

Would you rather ~ A or B?는 '(너는) A와 B 중 어느 것을 ~할래?'라는 의미로, 기호, 취향, 선호도를 물어볼 때 사용하는 표현이다.

Would you rather have steak **or** fish?
스테이크나 생선 중 어느 것을 먹을래?

Would you rather have rice **or** noodles?
밥이나 면 중 어느 것을 먹을래?

Would you rather have tomato **or** cream sauce with your pasta?
토마토소스 파스타나 크림소스 파스타 중 어느 것을 먹을래?

PATTERN 063

I'd recommend the King Steak House.

나는 King 스테이크 전문점을 추천하고 싶어.

I'd recommend ~는 '나는 ~을 추천하고 싶어'라는 의미로 제안하거나 조언할 때 사용하는 표현이며, I'd는 I would의 줄임 형태이다.

I'd recommend the special French food.
나는 특선 프랑스 요리를 추천하고 싶어.

I'd recommend the popular restaurant down the street.
나는 길 아래에 있는 인기 있는 식당을 추천하고 싶어.

I'd recommend buffalo wings with blue cheese dressing.
나는 블루치즈 드레싱을 곁들인 버팔로 윙을 추천하고 싶어.

Tips from Natives

Korean : Let's go dinner later.

Native : **Let's have dinner later.**

나중에 저녁 식사해요.

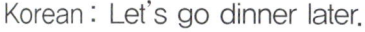

식사를 제안하는 표현인 '나중에 저녁 식사해요.'는 Let's go out for dinner later.나 Let's have dinner later.로 표현해요. 또한, dinner는 저녁 시간의 만찬, supper는 집에서 먹는 가벼운 저녁 식사를 의미해요.

Going Out to Eat

DIALOGUE

외식 – 외식하기

A: **Why don't we go out for dinner tonight?**

B: That sounds great.

A: **Would you rather have Japanese or Western food?**

B: I'd like to have steak.

A: **I'd recommend the King Steak House.**

B: Sounds good. See you tonight.

A: See you then.

A: 오늘 저녁에 외식하는 게 어때?
B: 그러자.
A: 일식이나 양식 중 어느 것을 먹을래?
B: 나는 스테이크가 먹고 싶어.
A: 나는 King 스테이크 전문점을 추천하고 싶어.
B: 좋아. 저녁에 보자.
A: 그때 봐.

DAY 2

가장 좋아하는 음식
Favorite Food

Pattern 064

What kind of food do you like the most?

Pattern 065

My favorite food is Korean food.

Pattern 066

That sounds delicious.

PATTERN 064

What kind of food do you like the most?

어떤 종류의 음식을 너는 가장 좋아하니?

What kind of ~?는 '어떤 종류의 ~?'라는 의미로, 이 표현에서는 kind가 '종류'라는 의미의 명사이다.

What kind of fruit do you like the most?
어떤 종류의 과일을 너는 가장 좋아하니?

What kind of Italian food do you prefer?
어떤 종류의 이탈리아 음식을 너는 선호하니?

What kind of healthy food does she like the most?
어떤 종류의 건강식을 그녀가 가장 좋아하니?

PATTERN 065

My favorite food is Korean food.

내가 가장 좋아하는 음식은 한식이야.

My favorite food is ~는 '내가 가장 좋아하는 음식은 ~이야'라는 의미로, 유사한 표현으로는 I like ~ the most.가 있다.

My favorite food is bulgogi.
내가 가장 좋아하는 음식은 불고기야.

My favorite food is my mom's cooking.
내가 가장 좋아하는 음식은 엄마가 만들어 주신 요리야.

My favorite food is a ham and bacon sandwich.
내가 가장 좋아하는 음식은 햄과 베이컨 샌드위치야.

PATTERN 066

That sounds delicious.

그거 맛있겠는걸.

That sounds ~는 '그거 ~이겠는걸'이라는 의미이며, sound는 본래 '~처럼 들리다'라는 뜻으로 그 뒤에는 상태를 나타내는 형용사가 주로 온다.

That sounds perfect. I'll order it.
그거 정말 괜찮겠는걸. 그것으로 주문할게.

That sounds good and it's not too expensive.
그거 좋겠는걸, 그렇게 비싸지도 않고 말이야.

That sounds great. When are you going to make it?
그거 정말 훌륭하겠는걸. 언제 그것을 요리할 거니?

Tips from Natives

Korean : I like pizza a lot. It's my best favorite food.
Native : **I love pizza. It's my favorite food.**
저는 피자를 매우 좋아해요. 그것은 제가 가장 좋아하는 음식이에요.

영어로 '저는 피자를 매우 좋아해요.'는 I love pizza.라고 표현해요. favorite은 자체에 '가장 좋아하는'이라는 최상의 의미가 있기 때문에 최상급인 best와 함께 사용하면 의미가 중복돼요.

Favorite Food | 127

DIALOGUE

외식 – 가장 좋아하는 음식

A: **What kind of food do you like the most?**

B: I like all kinds of food. How about you?

A: **My favorite food is Korean food.**
   I know the famous bibimbap restaurant downtown.

B: **That sounds delicious.** Shall we go there for dinner?

A: Sure. Let's go.

A: 어떤 종류의 음식을 너는 가장 좋아하니?
B: 나는 모든 종류의 음식을 다 좋아해. 너는 어때?
A: 내가 가장 좋아하는 음식은 한식이야.
   시내에 있는 유명한 비빔밥 식당을 알아.
B: 그거 맛있겠는걸. 저녁 먹으러 그곳에 갈까?
A: 그래. 가자.

DAY 3

주문하기
Order

Pattern 067

I can't decide whether to order seafood **or** chicken.

Pattern 068

I'm thinking of ordering chicken.

Pattern 069

Are you ready to order your meal?

PATTERN 067

I can't decide whether to order seafood or chicken.

해산물 요리를 주문할지 닭 요리를 주문할지 결정하지 못했어.

I can't decide whether A or B는 '(나는) A를 할지 B를 할지 결정하지 못했어'라는 의미로, whether는 '~인지 어떤지'의 의미를, whether ~ or not은 '~인지 아닌지'의 의미를 나타낸다.

> **I can't decide whether** to order a hamburger **or** not.
> 햄버거를 주문할지 말지 결정하지 못했어.
>
> **I can't decide whether** to dine in **or** take it out.
> 그것을 여기에서 먹을지 포장해서 갈 것인지 결정하지 못했어.
>
> **I can't decide whether** to have roast beef **or** grilled fish.
> 쇠고기 구이를 먹을지 석쇠 구이 생선을 먹을지 결정하지 못했어.

PATTERN 068

I'm thinking of ordering chicken.

나는 닭 요리를 주문하려고 생각 중이야.

I'm thinking of ~는 '나는 ~하려고 생각 중이야'라는 의미로, be ~ing는 '~하는 중이다'라는 의미가 있는 진행 시제이다.

> **I'm thinking of** skipping the appetizer.
> 나는 전채 요리를 건너뛰려고 생각 중이야.
>
> **I'm thinking of** taking these leftovers home.
> 나는 남은 음식들을 집으로 가지고 가려고 생각 중이야.
>
> **I'm thinking of** having barbecued ribs rather than steak.
> 나는 스테이크보다는 바비큐 갈비를 먹으려고 생각 중이야.

PATTERN 069

Are you ready to order your meal?

식사 주문하실 준비가 되셨나요?

Are you ready to ~?는 '(당신은) ~하실 준비가 되셨나요?'라는 의미로, be ready to+동사, be ready for+명사의 형태로 사용된다.

Are you ready to order your drinks?
음료를 주문하실 준비가 되셨나요?

Are you ready to order your dessert?
후식을 주문하실 준비가 되셨나요?

Are you ready to have the main course?
주 요리를 드실 준비가 되셨나요?

Tips from Natives

Korean : What is the special?

Native : **What is your restaurant's specialty?**
특선 메뉴는 무엇인가요?

음식점에서 특선 메뉴를 주문하고 싶을 때, What is your restaurant's specialty?나 What's good here? 이라고 말하면 돼요. 그 외에, '추천해 주실만한 거 있나요?'라는 표현으로는 What do you recommend? 혹은 What's your suggestion? 등이 있어요.

Order | 131

DIALOGUE
외식 – 주문하기

A: What would you like to have?

B: **I can't decide whether to order seafood or chicken.**

A: **I'm thinking of ordering chicken.**

B: Great! We can share them.

C: **Are you ready to order your meal?**

B: Yes. We'll have chicken with rice and the seafood special.

A: 무엇을 먹고 싶니?
B: 해산물 요리를 주문할지 닭 요리를 주문할지 결정하지 못했어.
A: 나는 닭 요리를 주문하려고 생각 중이야.
B: 좋아! 우리 나눠 먹자.
C: 식사 주문하실 준비가 되셨나요?
B: 네. 치킨 덮밥과 해산물 특선 요리로 주세요.

DAY 4

음식에 대해 대화하기
Talking about Dishes

Pattern 070
I can't live without this restaurant's pasta.

Pattern 071
I'm allergic to fish.

Pattern 072
I'm not used to eating salmon.

PATTERN 070

I can't live without this restaurant's pasta.

나는 이 식당의 파스타 없이는 못 살아.

I can't live without ~은 '나는 ~없이는 못 살아'라는 의미로, 매우 많이 좋아하는 것에 대해 말할 때 사용하는 표현이다.

I can't live without fresh milk every day.
나는 매일 신선한 우유 없이는 못 살아.

I can't live without some kimchi every meal.
나는 식사 때마다 김치 없이는 못 살아.

I can't live without a cup of coffee every morning.
나는 아침마다 커피 한 잔 없이는 못 살아.

PATTERN 071

I'm allergic to fish.

나는 생선에 알레르기가 있어.

I'm allergic to ~는 '나는 ~에 알레르기가 있어'라는 의미로, allergic은 '~을 아주 싫어하는' 이라는 뜻도 있다.

I'm allergic to peanut butter.
나는 땅콩버터에 알레르기가 있어.

I'm allergic to caffeine, green tea and chocolate.
나는 녹차와 초콜릿에도 카페인 알레르기가 있어.

I'm allergic to spicy food, especially food with chili.
나는 매운 음식, 특히 고추가 들어간 음식에 알레르기가 있어.

PATTERN 072

I'm not used to eating salmon.

나는 연어 먹는 것에 익숙하지 않아.

I'm not used to ~ing는 '나는 ~하는 것에 익숙하지 않아'라는 의미이며, used to+동사 원형은 '~하곤 했다'라는 의미로 과거의 규칙적인 습관을 말할 때 쓰인다.

I'm not used to skipping breakfast.
나는 아침 식사를 거르는 것에 익숙하지 않아.

I'm not used to having too much at lunchtime.
나는 점심때 너무 많이 먹는 것에 익숙하지 않아.

I'm not used to talking with someone while I'm eating.
나는 식사하는 동안 누군가와 이야기하는 것에 익숙하지 않아.

Tips from Natives

Korean : The food is very hot.
Native : **The food is too spicy.**
그 음식은 너무 매워요.

hot도 '매운'의 의미가 있지만, 향신료나 양념으로 인한 '매운'은 spicy로 표현해요. 그 외에, 음식의 맛에 대한 표현으로는 salty(짠), bitter(쓴), sour(신), sweet(단), bland(싱거운) 등이 있어요.

Talking about Dishes

DIALOGUE

외식 – 음식에 대해 대화하기

A : **I can't live without this restaurant's pasta.** How is your meal?

B : I love my salmon steak as well. Do you want to try some?

A : No, thanks. **Actually, I'm not used to eating salmon. I'm allergic to fish.**

B : I didn't know that. I love fish.

A: 나는 이 식당의 파스타 없이는 못 살아. 네 음식은 어때?

B: 내 연어 스테이크도 정말 맛있어. 좀 먹어 볼래?

A: 아니, 괜찮아. 사실, 나는 연어 먹는 것에 익숙하지 않아. 나는 생선에 알레르기가 있어.

B: 나는 그 사실을 몰랐어. 나는 생선을 무척 좋아하거든.

DAY 5

식사 후
After the Meal

Pattern 073

May I have some napkins, please?

Pattern 074

Are you finished with your meal?

Pattern 075

Could you please bring us two cups of black tea?

PATTERN 073

May I have some napkins, please?

냅킨을 좀 가져다주시겠어요?

May I have ~?는 본래 '(제가) ~을 가져도 될까요?'라는 의미이지만, 허락을 구할 때는 '(저에게) ~을 가져다주시겠어요?'라는 의미이다.

May I have some more bread, please?
빵을 좀 더 가져다주시겠어요?

May I have some more coffee, please?
커피를 좀 더 가져다주시겠어요?

May I have a piece of strawberry cake, please?
딸기 케이크 한 조각을 가져다주시겠어요?

PATTERN 074

Are you finished with your meal?

식사를 마치셨나요?

Are you finished with ~?는 '(당신은) ~을 마치셨나요?'라는 의미로, 완료된 상태를 확인할 때 사용하는 표현이다.

Are you finished with your drinks?
음료를 다 드셨나요?

Are you finished with your dessert?
후식을 다 드셨나요?

Are you finished with your appetizer?
전채 요리를 다 드셨나요?

PATTERN 075

Could you please bring us two cups of black tea?

우리에게 홍차 두 잔을 가져다주시겠어요?

Could you please bring us ~?는 '(당신은) 우리에게 ~을 가져다주시겠어요?'라는 의미로, 공손하게 요청할 때 사용하는 표현이다.

Could you please bring us some chocolate brownies?
우리에게 초콜릿 브라우니를 좀 가져다주시겠어요?

Could you please bring us a bottle of champagne?
우리에게 샴페인 한 병을 가져다주시겠어요?

Could you please bring us more cream and sugar?
우리에게 크림과 설탕을 좀 더 가져다주시겠어요?

Tips from Natives

Korean: Help yourself! It's our service.

Native: **Help yourself! It's free and included in your meal.**

맛있게 드세요! 이것은 식사에 포함되어 있고 무료입니다.

무료로 제공되는 음식의 의미로 사용되는 service는 콩글리시이며, 올바른 영어 표현은 It's free and included in your meal.이나 It's on the house.예요. 참고로, '입이 짧아요.'는 I'm picky about food.라고 해요.

After the Meal | 139

DIALOGUE

외식 – 식사 후

A : **Are you finished with your meal?**

B : Yes. We're done.

A : Would you like to order dessert?

B : OK. **Could you please bring us two cups of black tea?**

A : Sure. Would you like anything else?

B : **May I have some napkins, please?**

A : Of course.

A : 식사를 마치셨나요?
B : 네. 다 먹었습니다.
A : 후식을 주문하시겠어요?
B : 네. 우리에게 홍차 두 잔을 가져다주시겠어요?
A : 물론이죠. 다른 필요한 것 있으세요?
B : 냅킨을 좀 가져다주시겠어요?
A : 알겠습니다.

ENGLISH THEMES

제안과 요청

Put yourself in my shoes.
내 입장에서 생각해 봐.

Let's talk about it later.
그것에 대해 나중에 이야기하자.

What shall we do?
우리 무엇을 할까?

Any good ideas?
좋은 생각 있어?

제안

Suggestions

Can you do me a favor?
내 부탁 좀 들어줄래?

I have a big favor to ask.
어려운 부탁이 있어.

Can you help me?
나를 도와줄 수 있어?

Would you do it for me, please?
그것 좀 해 주시겠어요?

요청

Requests

1. 그거 맛있겠는걸.

2. 우리에게 홍차 두 잔을 가져다주시겠어요?

3. 나는 이 식당의 파스타 없이는 못 살아.

4. 어떤 종류의 음식을 너는 가장 좋아하니?

5. 해산물 요리를 주문할지 닭 요리를 주문할지 결정하지 못했어.

6. 내가 가장 좋아하는 음식은 한식이야.

7. 오늘 저녁에 외식하는 게 어때?

8. 나는 생선에 알레르기가 있어.

9. 식사 주문하실 준비가 되셨나요?

● 10. 나는 King 스테이크 전문점을 추천하고 싶어.

● 11. 식사를 마치셨나요?

● 12. 나는 연어 먹는 것에 익숙하지 않아.

● 13. 일식이나 양식 중 어느 것을 먹을래?

● 14. 냅킨을 좀 가져다주시겠어요?

● 15. 나는 닭 요리를 주문하려고 생각 중이야.

Answers

1. That sounds delicious.
2. Could you please bring us two cups of black tea?
3. I can't live without this restaurant's pasta.
4. What kind of food do you like the most?
5. I can't decide whether to order seafood or chicken.
6. My favorite food is Korean food.
7. Why don't we go out for dinner tonight?
8. I'm allergic to fish.
9. Are you ready to order your meal?
10. I'd recommend the King Steak House.
11. Are you finished with your meal?
12. I'm not used to eating salmon.
13. Would you rather have Japanese or Western food?
14. May I have some napkins, please?
15. I'm thinking of ordering chicken.

WEEK 6

Day 1 칭찬하기
Day 2 조언하기
Day 3 고마움 표현하기
Day 4 작별하기
Day 5 가족과 친구

RELATIONSHIPS

오랜만에 친구들을 만나 Giving Compliments(칭찬하기)를 해요. 서로의 칭찬에 Expressing Appreciation(고마움 표현하기)을 해요. 한 친구가 Family and Friends(가족과 친구) 문제에 대해 이야기를 하자 친구들이 Advising(조언하기)을 해요. 몇 시간을 그렇게 떠들다 Leaving(작별하기)을 하며 곧 다시 만날 것을 약속해요.

Preview

Pattern 076	**I like the way you** interact with people. 나는 네가 사람들과 소통하는 방식이 좋아.	
Pattern 077	**I wish I had** your sense of humor. 나는 너의 유머 감각이 있었으면 좋겠어.	
Pattern 078	**You are very good at** taking care of business. 너는 일 처리가 매우 능숙해.	
Pattern 079	**That's the best way** to find a job. 그것이 직업을 구하는 최고의 방법이야.	
Pattern 080	**Don't get** so discouraged. 너무 낙담하지 마.	
Pattern 081	**You'd better** be confident. 자신감을 가지는 편이 나아.	
Pattern 082	**Thank you for** your kind words. 당신의 친절한 말씀에 감사해요.	
Pattern 083	**It's nice of you to** say so. 그렇게 말씀해 주셔서 감사해요.	
Pattern 084	**I appreciate** the compliments again. 다시 한 번 칭찬에 감사드립니다.	
Pattern 085	**I'm afraid I have to** go now. 유감이지만 나는 지금 가봐야 해.	
Pattern 086	**I hope** we can get together again. 우리가 다시 만날 수 있길 바래.	
Pattern 087	**I had fun** talking with you. 너와의 대화 즐거웠어.	
Pattern 088	**Do you have any** brothers or sisters? 너는 형제나 자매가 있니?	
Pattern 089	**I thought you were** an only child. 나는 네가 외동인 줄 알았어.	
Pattern 090	**I'll introduce you to** my brother this weekend. 이번 주말에 너를 우리 형에게 소개할게.	

DAY 1

칭찬하기
Giving Compliments

Pattern 076

I like the way you interact with people.

Pattern 077

I wish I had your sense of humor.

Pattern 078

You are very good at taking care of business.

PATTERN 076

I like the way you interact with people.

나는 네가 사람들과 소통하는 방식이 좋아.

I like the way you ~는 '나는 네가 ~하는 방식이 좋아'라는 의미로, 상대방을 칭찬할 때 사용할 수 있는 표현이다.

I like the way you look today.
나는 오늘 네 모습이 보기 좋아.

I like the way you present professionally.
나는 네가 전문적으로 발표하는 방식이 좋아.

I like the way you are always honest and polite.
나는 네가 항상 정직하고 예의 바른 태도가 좋아.

PATTERN 077

I wish I had your sense of humor.

나는 너의 유머 감각이 있었으면 좋겠어.

I wish I had ~는 '나는 (내가) ~이 있었으면 좋겠어'라는 의미로, 현재 사실에 반대되는 내용을 말할 때 사용하는 표현이다.

I wish I had your insight.
나는 너의 통찰력이 있었으면 좋겠어.

I wish I had your experience.
나는 너와 같은 경험이 있었으면 좋겠어.

I wish I had your natural talent.
나는 너처럼 타고난 재능이 있었으면 좋겠어.

PATTERN 078

You are very good at taking care of business.

너는 일 처리가 매우 능숙해.

You are very good at ~은 '너는 ~에 매우 능숙해'라는 의미이며, 반대되는 표현으로는 '~에 서툴다'라는 의미인 be poor at ~이 있다.

You are very good at everything.
너는 모든 것에 매우 능숙해.

You are very good at giving presentations.
너는 발표하는 것에 매우 능숙해.

You are very good at speaking foreign languages.
너는 여러 외국어로 말하는 것에 매우 능숙해.

Tips from Natives

Korean : Very good job!

Native : **That's a good job!**

매우 잘했어요!

칭찬할 때 사용할 수 있는 표현인 Very good job!이 틀린 표현은 아니지만, You did a very good job!, Well done!, Excellent. 등으로 표현하는 게 좋아요. 그 외에, 기쁨이나 칭찬을 표현할 때 사용하는 감탄사들로는 Bravo!(좋아!), Hurrah!(잘했어!) 등이 있어요.

Giving Compliments

DIALOGUE
인간관계 – 칭찬하기

A: How many languages do you speak?

B: English, French, Spanish, and German.

A: Unbelievable!
   So, you are very good at taking care of business.

B: I wish I had your sense of humor.
   I like the way you interact with people.

A: Thanks. I just enjoy hanging out with people.

A: 너는 몇 개 국어를 말할 수 있니?

B: 영어, 프랑스어, 스페인어, 그리고 독일어.

A: 대단해!
   그래서, 너는 일 처리가 매우 능숙하구나.

B: 나는 너의 유머 감각이 있었으면 좋겠어.
   나는 네가 사람들과 소통하는 방식이 좋아.

A: 고마워. 나는 그냥 사람들과 어울리는 것을 즐길 뿐이야.

DAY 2

조언하기
Advising

Pattern 079
That's the best way to find a job.

Pattern 080
Don't get so discouraged.

Pattern 081
You'd better be confident.

PATTERN 079

That's the best way to find a job.

그것이 직업을 구하는 최고의 방법이야.

That's the best way ~는 '그것이 ~(하는) 최고의 방법이야'라는 의미로, 가장 좋은 방법을 제안할 때 사용하는 표현이다.

That's the best way to handle stress.
그것이 스트레스를 다루는 최고의 방법이야.

That's the best way to get there from here.
그것이 여기에서 그쪽으로 가는 최고의 방법이야.

That's the best way to deal with the problem.
그것이 그 문제에 대처하는 최고의 방법이야.

PATTERN 080

Don't get so discouraged.

너무 낙담하지 마.

Don't get ~은 '~하지 마'라는 의미로, 부정명령문의 형태이다. get+형용사는 '~상태가 되다'라는 의미로 상태를 나타낼 때 주로 사용하는 표현이다.

Don't get nervous.
초조해하지 마.

Don't get angry with me.
나에게 화내지 마.

Don't get too upset, calm yourself.
너무 당황하지 말고, 침착해.

PATTERN 081

You'd better be confident.

자신감을 가지는 편이 나아.

You'd better ~은 '~하는 편이 나아'라는 의미로, You had better의 줄임말이며 권유나 제안을 나타낼 때 사용하는 표현이다.

You'd better be patient.
인내심을 가지는 편이 나아.

You'd better hurry next time.
다음에는 서두르는 편이 나아.

You'd better be more realistic.
좀 더 현실적인 편이 나아.

Tips from Natives

Korean : I advice about taking a rest.

Native : **I advise you to take a rest.**
당신에게 휴식을 취할 것을 권해요.

'충고하다'를 표현할 때는 동사인 advise를 사용하거나, 명사인 advice를 사용해서 give a piece of advice로 표현해야 해요. 그 외에 조언하는 표현으로는 I recommend ~, You should ~, You'd better ~ 등이 있어요.

Advising | 153

DIALOGUE

인간관계 – 조언하기

A: I'm so tired of looking for a job. What should I do?

B: You have to develop your interview skills gradually. **That's the best way to find a job.**

A: I know, but it's not easy.

B: **Don't get so discouraged. You'd better be confident.**

A: Thank you for your advice.

A: 직업을 구하는 일에 너무 지쳐. 무엇을 해야 할까?
B: 너는 지속적으로 면접 기술을 발전시켜야 해.
    그것이 직업을 구하는 최고의 방법이야.
A: 알지만, 쉽지가 않아.
B: 너무 낙담하지 마.
    자신감을 가지는 편이 나아.
A: 충고해줘서 고마워.

DAY 3

고마움 표현하기
Expressing Appreciation

Pattern 082

Thank you for your kind words.

Pattern 083

It's nice of you to say so.

Pattern 084

I appreciate the compliments again.

PATTERN 082

Thank you for your kind words.

당신의 친절한 말씀에 감사해요.

Thank you for ~는 '(당신의) ~에 감사해요'라는 의미로, 감사의 이유를 언급하며 고마움을 나타낼 때 사용하는 표현이다.

Thank you for coming today.
오늘 와 주셔서 감사해요.

Thank you for your cooperation.
당신의 협조에 감사해요.

Thank you for inviting me to lunch.
점심 식사에 저를 초대해 주셔서 감사해요.

PATTERN 083

It's nice of you to say so.

그렇게 말씀해 주셔서 감사해요.

It's nice of you to ~는 '(당신이) ~해 주셔서 감사해요'라는 의미로, 고마움을 나타내는 표현 중 하나이다.

It's nice of you to see me off.
배웅해 주셔서 감사해요.

It's nice of you to encourage me.
저를 격려해 주셔서 감사해요.

It's nice of you to celebrate our anniversary.
저희 기념일을 축하해 주셔서 감사해요.

PATTERN 084

I appreciate the compliments again.

다시 한 번 칭찬에 감사드립니다.

I appreciate ~는 '(저는) ~에 감사드립니다'라는 의미로, I thank ~보다 더욱 정중하게 감사함을 표현할 때 사용한다.

I appreciate your help.
당신의 도움에 감사드립니다.

I appreciate your advice.
당신의 조언에 감사드립니다.

I appreciate that you took the time to come here.
시간을 내어 참석해 주셔서 감사드립니다.

Tips from Natives

Korean : I thank you give this to me.

Native : **I really appreciate this.**

진심으로 감사드려요.

thank는 '사람이나 일에 대하여 감사하다'의 의미로 감탄적인 요소가 강한 반면, appreciate는 '어떠한 행동이나 사물, 사람의 호의에 대해 인정하고 감사하다'라는 의미로 thank보다 정중한 표현이에요.

Expressing Appreciation | 157

DIALOGUE

인간관계 – 고마움 표현하기

A : Congratulations! I heard you were promoted to manager.

B : **Thank you for your kind words.**

A : You're always hard-working and responsible.

B : **It's nice of you to say so.**

A : I expect you to keep up the good work.

B : **I appreciate the compliments again.**

A : 축하해요! 당신이 매니저로 승진했다고 들었어요.
B : 당신의 친절한 말씀에 감사해요.
A : 당신은 항상 성실하고 책임감이 강해요.
B : 그렇게 말씀해 주셔서 감사해요.
A : 앞으로도 계속 잘해주시길 기대할게요.
B : 다시 한 번 칭찬에 감사드립니다.

DAY 4

작별하기
Leaving

Pattern 085
I'm afraid I have to go now.

Pattern 086
I hope we can get together again.

Pattern 087
I had fun talking with you.

PATTERN 085

I'm afraid I have to go now.

유감이지만 나는 지금 가봐야 해.

I'm afraid I have to ~는 '유감이지만 나는 ~해야 해'라는 의미로, I'm afraid와 유사한 표현으로는 I'm sorry but ~, I feel sorry for ~ 등이 있다.

I'm afraid I have to say goodbye.
유감이지만 나는 작별 인사를 해야 해.

I'm afraid I have to leave here soon.
유감이지만 나는 곧 여기를 떠나야 해.

I'm afraid I have to go back to Germany this Saturday.
유감이지만 나는 이번 토요일에 독일로 돌아가야 해.

PATTERN 086

I hope we can get together again.

우리가 다시 만날 수 있길 바래.

I hope ~은 '(나는) ~하길 바래'라는 의미로, 기대나 소망을 나타내는 표현이다. hope과 유사한 표현으로는 wish, desire, expect 등이 있다.

I hope I can see you again later.
나중에 다시 너를 볼 수 있길 바래.

I hope you have a great weekend.
즐거운 주말 보내길 바래.

I hope you'll come to see us sometime soon.
조만간 우리를 보러 오길 바래.

PATTERN 087

I had fun talking with you.

너와의 대화 즐거웠어.

I had fun ~은 '(나는) ~해서 즐거웠어'라는 의미로, 자신이 한 경험에 대해 긍정적으로 표현할 때 사용한다.

I had fun at the barbecue party last night.
지난 밤 바비큐 파티는 즐거웠어.

I had fun traveling with you over the holidays.
휴일 동안 너와 함께 여행해서 즐거웠어.

I had fun working with you for the past three years.
지난 3년 동안 너와 함께 일해서 즐거웠어.

Tips from Natives

Korean : See you goodbye.

Native : **See you.**

다음에 봐요.

작별할 때, 우리말로는 '다음에 봐요. 잘 가요.'라고 표현할 수 있지만, 영어로 See you goodbye.는 작별 인사의 반복을 의미하므로 어색한 표현이 돼요. 작별 인사를 할 때는 '다음에 봐요.'라는 See you.와 '잘 가요.'라는 Goodbye. 중 하나만 사용하도록 해요.

Leaving | 161

DIALOGUE

인간관계 – 작별하기

A: **I'm afraid I have to go now.**

B: Already? It was nice meeting you today.

A: **I hope we can get together again.**

B: See you sometime soon. **I had fun talking with you.** Have a great weekend.

A: 유감이지만 나는 지금 가봐야 해.
B: 벌써? 오늘 만나서 반가웠어.
A: 우리가 다시 만날 수 있길 바래.
B: 조만간 보도록 하자. 너와의 대화 즐거웠어. 즐거운 주말 보내.

DAY 5

가족과 친구
Family and Friends

Pattern 088

Do you have any brothers or sisters?

Pattern 089

I thought you were an only child.

Pattern 090

I'll introduce you to my brother this weekend.

PATTERN 088

Do you have any brothers or sisters?

너는 형제나 자매가 있니?

Do you have any ~?는 '너는 ~이 있니?'라는 의미로, 소유에 관해 질문할 때 사용하는 표현이다.

Do you have any aunts or uncles?
너는 고모나 삼촌이 있니?

Do you have any nieces or nephews?
너는 여자 조카나 남자 조카가 있니?

Do you have any relatives in other countries?
너는 외국에 사는 친척이 있니?

PATTERN 089

I thought you were an only child.

나는 네가 외동인 줄 알았어.

I thought you were ~는 '나는 네가 ~인 줄 알았어'라는 의미로, 유사한 표현으로는 I knew you were ~가 있다.

I thought you were married.
나는 네가 결혼한 줄 알았어.

I thought you were the eldest of your siblings.
나는 네가 형제자매들 중에서 첫째인 줄 알았어.

I thought you were the youngest in your family.
나는 네가 가족 중에서 가장 어린 줄 알았어.

PATTERN 090

I'll introduce you to my brother this weekend.

이번 주말에 너를 우리 형에게 소개할게.

I'll introduce you to ~는 '(내가) 너를 ~에게 소개할게'라는 의미로, 상대방에게 누군가를 소개할 때 사용하는 표현이다.

I'll introduce you to my fiancée at my birthday party.
내 생일 파티에서 너를 내 약혼녀에게 소개할게.

I'll introduce you to my best friend, Ann this evening.
오늘 저녁에 너를 나의 가장 친한 친구인 Ann에게 소개할게.

I'll introduce you to my family at the housewarming party.
집들이에서 너를 내 가족에게 소개할게.

Tips from Natives

Korean : I have three families.

Native : **I have three family members.**

우리 가족은 3명이에요.

family는 '가정', '집안'이라는 의미로, 가족 구성원들로 이루어진 집단의 개념이 있어요. 따라서, I have three families.는 '세 개의 가정이 있어요.'라는 의미가 되니 주의하도록 해요.

Family and Friends | 165

DIALOGUE
인간관계 – 가족과 친구

A: **Do you have any brothers or sisters?**

B: Yes, I have an older brother.

A: **I thought you were an only child.**

B: Lots of people say I don't look like my brother at all.

A: Really? I'd like to meet him sometime.

B: **I'll introduce you to my brother this weekend.**

A: That'll be interesting.

A: 너는 형제나 자매가 있니?
B: 응, 형이 한 명 있어.
A: 나는 네가 외동인 줄 알았어.
B: 많은 사람들이 내가 형과 전혀 닮지 않았다고 말해.
A: 정말? 언제 그를 한번 만나고 싶은걸.
B: 이번 주말에 너를 우리 형에게 소개할게.
A: 흥미롭겠는걸.

ENGLISH THEMES

격려와 칭찬

Cheer up!
힘내!

Everything will be fine.
모든 게 다 괜찮을 거야.

Hang in there.
조금만 참아.

It'll turn out well.
좋은 결과가 있을 거야.

Encouragement 격려

I'm impressed.
감동받았어.

Incredible!
놀라워!

I'm so proud of you.
네가 자랑스러워.

You're really something.
너 정말 보통이 아니구나.

Praises 칭찬

1. 이번 주말에 너를 우리 형에게 소개할게.

2. 다시 한 번 칭찬에 감사드립니다.

3. 나는 네가 외동인 줄 알았어.

4. 그렇게 말씀해 주셔서 감사해요.

5. 나는 네가 사람들과 소통하는 방식이 좋아.

6. 그것이 직업을 구하는 최고의 방법이야.

7. 자신감을 가지는 편이 나아.

8. 당신의 친절한 말씀에 감사해요.

9. 너는 형제나 자매가 있니?

10. 너와의 대화 즐거웠어.

11. 너무 낙담하지 마.

12. 유감이지만 나는 지금 가봐야 해.

13. 우리가 다시 만날 수 있길 바래.

14. 너는 일 처리가 매우 능숙해.

15. 나는 너의 유머 감각이 있었으면 좋겠어.

Answers

1. I'll introduce you to my brother this weekend.
2. I appreciate the compliments again.
3. I thought you were an only child.
4. It's nice of you to say so.
5. I like the way you interact with people.
6. That's the best way to find a job.
7. You'd better be confident.
8. Thank you for your kind words.
9. Do you have any brothers or sisters?
10. I had fun talking with you.
11. Don't get so discouraged.
12. I'm afraid I have to go now.
13. I hope we can get together again.
14. You are very good at taking care of business.
15. I wish I had your sense of humor.

WEEK 7

- **Day 1** 요리하기
- **Day 2** 청소하기
- **Day 3** 세탁하기
- **Day 4** 분리수거하기
- **Day 5** 집안 기구 사용하기

HOUSE CHORES

일주일 동안 미뤄두었던 House Chores(집안일)를 해요. 구석구석 Cleaning (청소하기)을 하고 Doing the Laundry(세탁하기)도 해요. 쌓여 있는 빈 병과 재활용 종이들을 발견하고 Separating Garbage Collection(분리수거하기)도 해요. 슬슬 배가 고파져서 Using Appliances(집안 기구 사용하기)를 해서 Cooking(요리하기)을 해요.

Preview

Pattern 091 | **I was about to** make seafood spaghetti.
나는 막 해산물 스파게티를 만들려던 참이었어.

Pattern 092 | **Tell me about** your recipe.
너의 요리법에 대해 말해줘.

Pattern 093 | **It's important that** you keep the seafood fresh.
해산물을 신선하게 유지하는 것이 중요해.

Pattern 094 | **I'm busy cleaning** the house from top to bottom.
나는 집안을 구석구석 청소하느라 바빠.

Pattern 095 | **Clean up** your room **before** our guests arrive.
손님들이 도착하기 전에 네 방을 청소해.

Pattern 096 | **Do you mind if I** vacuum the living room?
진공청소기로 거실을 청소해도 될까?

Pattern 097 | **What should I do with** these clothes?
이 옷들을 어떻게 해야 할까?

Pattern 098 | **There's too much to** put in the washing machine.
세탁기에 넣기에는 너무 많아.

Pattern 099 | **Can you alter** these pants to fit me?
이 바지들을 저에게 맞도록 수선할 수 있어요?

Pattern 100 | **Don't forget to** sort the garbage.
쓰레기를 분리하는 거 잊지 마.

Pattern 101 | **They belong in** the recyclable goods section.
그것들은 재활용품 수거함에 속해.

Pattern 102 | **I'm willing to** separate reusable items.
내가 기꺼이 재사용 가능한 물품들을 분리할게.

Pattern 103 | **May I borrow** your digital camera?
당신의 디지털 카메라를 빌려도 될까요?

Pattern 104 | **It looks like** a brand-new MP3 player.
그것은 새로 출시된 MP3 플레이어인 것 같아.

Pattern 105 | **How do I use** this MP3 player?
이 MP3 플레이어는 어떻게 사용하나요?

DAY 1

요리하기
Cooking

Pattern 091
I was about to make seafood spaghetti.

Pattern 092
Tell me about your recipe.

Pattern 093
It's important that you keep the seafood fresh.

Pattern 091

I was about to make seafood spaghetti.

나는 막 해산물 스파게티를 만들려던 참이었어.

I was about to ~는 '나는 막 ~하려던 참이었어'라는 의미로, 과거 시점에서 어떤 행위를 하려고 했을 때를 나타내는 표현이다.

I was about to warm up the soup.
나는 막 수프를 데우려던 참이었어.

I was about to cook the leftover vegetables.
나는 막 남은 야채들을 요리하려던 참이었어.

I was about to chop the onions and the carrots.
나는 막 양파와 당근을 잘게 썰려던 참이었어.

Pattern 092

Tell me about your recipe.

너의 요리법에 대해 말해줘.

Tell me about ~은 '~에 대해 (나에게) 말해줘'라는 의미로, 유사한 표현으로는 Can you tell me ~?, Let me know about ~ 등이 있다.

Tell me about the taste of lasagna.
라자냐의 맛에 대해 말해줘.

Tell me about how to use this gas range.
이 가스레인지를 사용하는 법에 대해 말해줘.

Tell me about how to make the apple pie.
사과 파이를 만드는 법에 대해 말해줘.

PATTERN 093

It's important that you keep the seafood fresh.

해산물을 신선하게 유지하는 것이 중요해.

It's important that ~은 '~하는 것이 중요해'라는 의미이며, 이때 it은 가주어로 that 이하가 전체 문장의 주어가 되는 구문이다.

It's important that you make the salad just before the meal.
식사 직전에 샐러드를 만드는 것이 중요해.

It's important that you cook the beef until it's well browned.
쇠고기가 잘 익을 때까지 요리하는 것이 중요해.

It's important that you season it with garlic, salt, and pepper.
그것을 마늘, 소금 그리고 후추로 양념하는 것이 중요해.

Tips from Natives

Korean : I'll be the best cooker.

Native : **I'll be the best cook.**

저는 최고의 요리사가 될 거예요.

cooker는 '요리사'로 오해하기 쉽지만, 본래는 '요리도구'를 의미해요. cook은 동사로 '요리하다'와 명사로 '요리사'라는 의미가 함께 있어요. 참고로, chef는 호텔이나 식당의 '전문 요리사'나 '주방장'을 의미해요.

Cooking | 175

DIALOGUE

집안일 – 요리하기

A: What are you up to?

B: **I was about to make seafood spaghetti.**

A: I love your spaghetti.
   Tell me about your recipe.

B: OK. **It's important that you keep the seafood fresh.**
   Also, you should mix the noodles with olive oil after boiling them.

A: So, that was it! I'll try it soon.

A: 뭐 하려고 해?

B: 나는 막 해산물 스파게티를 만들려던 참이었어.

A: 나는 네가 만든 스파게티가 정말 좋아.
   너의 요리법에 대해 말해줘.

B: 알았어. 해산물을 신선하게 유지하는 것이 중요해.
   또한, 면을 삶은 후에 올리브유와 섞어야 해.

A: 그거였구나! 조만간 해볼게.

DAY 2

청소하기
Cleaning

Pattern 094

I'm busy cleaning the house from top to bottom.

Pattern 095

Clean up your room **before** our guests arrive.

Pattern 096

Do you mind if I vacuum the living room?

PATTERN 094

I'm busy cleaning the house from top to bottom.

나는 집안을 구석구석 청소하느라 바빠.

I'm busy ~ing는 '나는 ~하느라 바빠'라는 의미로, busy 다음에는 ~ing 형태의 동명사가 온다.

I'm busy mopping the floor.
나는 바닥을 대걸레로 닦느라 바빠.

I'm busy vacuuming the carpet.
나는 진공청소기로 카펫을 청소하느라 바빠.

I'm busy scrubbing the bathtub.
나는 욕조를 문질러 청소하느라 바빠.

PATTERN 095

Clean up your room before our guests arrive.

손님들이 도착하기 전에 네 방을 청소해.

Clean up ~ before ~는 '~전에 ~을 청소해'라는 의미로, 동사의 원형이 문장 맨 앞에 위치한 명령문 형태의 구문이다.

Clean up the living room **before** you go out.
네가 외출하기 전에 거실을 청소해.

Clean up the kitchen **before** mom gets angry.
엄마가 화내시기 전에 주방을 청소해.

Clean up the porch **before** your parents come.
너의 부모님이 오시기 전에 현관을 청소해.

178 | House Chores

PATTERN 096

Do you mind if I vacuum the living room?

진공청소기로 거실을 청소해도 될까?

Do you mind if I ~?는 '(내가) ~해도 될까?'라는 의미로, 대답할 때 No, I wouldn't.나 Of course not. 등과 같은 부정의 형태가 승낙의 대답이 된다는 것에 주의한다.

Do you mind if I wash the dishes now?
지금 설거지를 해도 될까?

Do you mind if I do the laundry tomorrow?
내일 빨래를 해도 될까?

Do you mind if I wipe the dust from your computer?
네 컴퓨터의 먼지를 닦아도 될까?

Tips from Natives

Korean : I vacuum downstair already.

Native : **I already vacuumed downstairs.**

이미 진공청소기로 아래층을 청소했어요.

vacuum은 '진공청소기로 청소하다'라는 의미가 있으며, 그 외에 청소와 관련된 다른 표현으로는 sweep(빗자루로 청소하다, 쓸다), dust(먼지를 털다), scrub(문질러 청소하다), mop(대걸레로 닦다), wipe(헝겊으로 닦다) 등이 있어요.

DIALOGUE
집안일 – 청소하기

A: **Do you mind if I vacuum the living room?**

B: Can you do it later? I'm watching TV.

A: We have guests coming over soon, don't you remember? **I'm busy cleaning the house from top to bottom.**

B: Ah, I totally forgot about it. What do you want me to do?

A: **Clean up your room before our guests arrive.**

B: No problem.

A: 진공청소기로 거실을 청소해도 될까?
B: 나중에 하면 안 돼? 나 TV 보고 있잖아.
A: 곧 손님들이 오실 거야, 잊은 거니?
　　나는 집안을 구석구석 청소하느라 바빠.
B: 앗, 완전히 잊어버리고 있었어. 내가 무엇을 하면 될까?
A: 손님들이 도착하기 전에 네 방을 청소해.
B: 알았어.

DAY 3

세탁하기
Doing the Laundry

Pattern 097
What should I do with these clothes?

Pattern 098
There's too much to put in the washing machine.

Pattern 099
Can you alter these pants to fit me?

Pattern 097

What should I do with these clothes?

이 옷들을 어떻게 해야 할까?

What should I do with ~?는 '(내가) ~을 어떻게 해야 할까?'라는 의미로, 조동사 should의 본래 의미처럼 강한 의무를 물어볼 때 사용하는 표현이다.

What should I do with these socks?
이 양말들을 어떻게 해야 할까?

What should I do with those blue jeans?
저 청바지들을 어떻게 해야 할까?

What should I do with those hats and bags?
저 모자들과 가방들을 어떻게 해야 할까?

Pattern 098

There's too much to put in the washing machine.

세탁기에 넣기에는 너무 많아.

There's too much to ~는 '~하기에는 너무 많아'라는 의미로, too ~ to ~는 '너무 ~해서 ~할 수 없다'와 '~하기에는 ~하다'의 뜻이 있다.

There's too much to dry-clean.
드라이클리닝 하기에는 너무 많아.

There's too much to wash all at once.
한꺼번에 세탁하기에는 너무 많아.

There's too much to carry to the laundromat.
빨래방으로 가져가기에는 너무 많아.

PATTERN 099

Can you alter these pants to fit me?

이 바지들을 저에게 맞도록 수선할 수 있어요?

Can you alter ~?는 '(당신은) ~을 수선할 수 있어요?'라는 의미로, 의복이나 신발 등을 수선할 수 있는지에 대해 물어볼 때 사용할 수 있는 표현이다.

Can you alter the sleeves for me?
소매들을 저에게 맞도록 수선할 수 있어요?

Can you alter this skirt at the waist?
이 치마의 허리둘레를 수선할 수 있어요?

Can you alter the length of this coat?
이 코트의 길이를 수선할 수 있어요?

Tips from Natives

Korean : I'll go laundry at coin laundry.

Native : **I'll wash my clothes at the coin laundromat.**

동전 빨래방에서 옷을 세탁할 거예요.

coin laundromat는 동전으로 작동하는 세탁기가 설치된 빨래방을 의미해요. 또한, '세탁하다'는 wash clothes와 do the laundry로, '~을 드라이클리닝 하다'는 dry-clean으로 표현해요.

Doing the Laundry | 183

DIALOGUE
집안일 – 세탁하기

A: **What should I do with these clothes?**
   There's too much to put in the washing machine.

B: You need to separate whites and darks first.

A: OK. These pants are too long for me.
   Can you alter these pants to fit me?

B: I think you'd better take them to a tailor.

A: I'll do that.

A: 이 옷들을 어떻게 해야 할까?
   세탁기에 넣기에는 너무 많아.

B: 먼저 흰 옷들과 어두운 옷들을 구분해야 해.

A: 알았어. 이 바지들은 나에게 너무 길어.
   이 바지들을 나에게 맞도록 수선할 수 있니?

B: 그것들은 재단사에게 가지고 가는 게 낫겠어.

A: 그렇게.

DAY 4

분리수거하기
Separating Garbage Collection

Pattern 100
Don't forget to sort the garbage.

Pattern 101
They belong in the recyclable goods section.

Pattern 102
I'm willing to separate reusable items.

Pattern 100

Don't forget to sort the garbage.

쓰레기를 분리하는 거 잊지 마.

Don't forget to ~는 '~하는 거 잊지 마'라는 의미로, Don't는 명령문의 부정 형태이다.

Don't forget to empty those bottles.
저 병들을 비우는 거 잊지 마.

Don't forget to reduce the amount of wasted food.
음식물 쓰레기의 양을 줄이는 거 잊지 마.

Don't forget to remove all labels from plastic bottles.
플라스틱 병들의 모든 상표를 제거하는 거 잊지 마.

Pattern 101

They belong in the recyclable goods section.

그것들은 재활용품 수거함에 속해.

They belong in ~은 '그것들은 ~에 속해'라는 의미로, belong은 '~에 속하다'라는 소속과 소유의 의미가 있다.

They belong in the recyclable glass section.
그것들은 재활용 유리 수거함에 속해.

They belong in the recyclable paper section.
그것들은 재활용지 수거함에 속해.

They belong in the second-hand clothes section.
그것들은 헌 옷 수거함에 속해.

PATTERN 102

I'm willing to separate reusable items.

내가 기꺼이 재사용 가능한 물품들을 분리할게.

I'm willing to ~는 '내가 기꺼이 ~할게'라는 의미로, 상대방의 요청이나 부탁에 대해 긍정적이거나 적극적으로 응할 때 사용하는 표현이다.

I'm willing to empty the trash can.
내가 기꺼이 쓰레기통을 비울게.

I'm willing to collect used batteries.
내가 기꺼이 폐건전지들을 모을게.

I'm willing to pick up any paper or trash.
내가 기꺼이 종이나 쓰레기를 주울게.

Tips from Natives

Korean : I have many garbages.

Native : **My trash can is full of garbage.**
쓰레기통이 쓰레기로 가득 차 있어요.

trash는 '종이, 캔류, 고철과 같은 젖지 않은(dry) 쓰레기'를, garbage는 '집안에서 발생하는 음식물 쓰레기와 같은 젖은(wet) 쓰레기'를 뜻하며, rubbish는 '쓸모가 없어 버리는 쓰레기(폐품, 고물 등)'를, litter는 '공공장소에 버려진 휴지, 캔, 병과 같은 쓰레기'를 의미해요.

Separating Garbage Collection

DIALOGUE

집안일 – 분리수거하기

A: It's garbage collection day. **Don't forget to sort the garbage.**

B: It's too much to do all by myself.

A: **I'm willing to separate reusable items.**
　　Let's separate cans and plastic containers, first.

B: Where should I put them?

A: **They belong in the recyclable goods section.**

A: 쓰레기 수거일이야. 쓰레기를 분리하는 거 잊지 마.
B: 나 혼자 하기에는 너무 많아.
A: 내가 기꺼이 재사용 가능한 물품들을 분리할게.
　　우선, 캔과 플라스틱 용기들을 분리하자.
B: 그것들을 어디에 넣어야 하지?
A: 그것들은 재활용품 수거함에 속해.

DAY 5

집안 기구 사용하기
Using Appliances

Pattern 103
May I borrow your digital camera?

Pattern 104
It looks like a brand-new MP3 player.

Pattern 105
How do I use this MP3 player?

PATTERN 103

May I borrow your digital camera?

당신의 디지털 카메라를 빌려도 될까요?

May I borrow ~?는 '(제가) ~을 빌려도 될까요?'라는 의미로, borrow는 '~을 빌리다', lend는 '(~에게) ~을 빌려주다'를 뜻한다.

May I borrow your hair dryer?
당신의 헤어드라이어를 빌려도 될까요?

May I borrow your cell phone, please?
당신의 휴대 전화를 빌려도 될까요?

May I borrow your blender and toaster?
당신의 믹서기와 토스터를 빌려도 될까요?

PATTERN 104

It looks like a brand-new MP3 player.

그것은 새로 출시된 MP3 플레이어인 것 같아.

It looks like ~는 '그것은 ~인 것 같아'라는 의미로, 'look like+명사'의 형태이다. '~처럼 보이다'라는 seem과 유사하지만, look이 의미를 더욱 구체적으로 표현한다.

It looks like a multifunction oven.
그것은 다기능 오븐인 것 같아.

It looks like a great electric rice cooker.
그것은 괜찮은 전기밥솥인 것 같아.

It looks like the same LCD TV from your company.
그것은 너희 회사에서 만든 LCD TV와 같은 것 같아.

PATTERN 105

How do I use this MP3 player?

이 MP3 플레이어는 어떻게 사용하나요?

How do I use ~?는 '(제가) ~을 어떻게 사용하나요?'라는 의미로, how는 방법을 물어볼 때 주로 사용되는 의문사이다.

How do I use this microwave?
이 전자레인지는 어떻게 사용하나요?

How do I use this coffee maker?
이 커피메이커는 어떻게 사용하나요?

How do I use your dish washer?
당신의 식기세척기는 어떻게 사용하나요?

Tips from Natives

Korean : I set the electric range for five minutes to heat my food.

Native : **I set the microwave for five minutes to heat my food.**
음식을 데우려고 전자레인지를 5분으로 맞춰 놓았어요.

'전자레인지'는 영어로 microwave가 올바른 말이에요. 그 외에, '에어컨'은 air conditioner, '전기면도기'는 electric shaver, '휴대 전화'는 cellular phone을 줄인 cell phone(미국식)이나 mobile phone(영국식)이라고 해요.

Using Appliances | 191

DIALOGUE

집안일 – 집안 기구 사용하기

A : **May I borrow your digital camera?**

B : Sure.

A : Thanks. Is this yours?
   It looks like a brand-new MP3 player.

B : Yeah. Do you want to try it?

A : Why not? **How do I use this MP3 player?**

B : Just push the red button and follow the instructions on the screen.

A: 네 디지털 카메라 좀 빌려도 될까?
B: 물론이지.
A: 고마워. 이것은 네 것이니?
   그것은 새로 출시된 MP3 플레이어인것 같은데.
B: 응. 한번 들어 볼래?
A: 좋아. 이 MP3 플레이어는 어떻게 사용하니?
B: 빨간색 버튼을 누르고 화면의 지시대로 하면 돼.

ENGLISH THEMES

축하와 기원

Happy 25th birthday!
25번째 생일을 축하해!

Congratulations on passing the exam.
시험 합격을 축하해.

Congratulations on your victory.
승리를 축하해.

Good for you! I'm really happy for you.
잘됐다! 나도 정말 행복해.

Celebrations 축하

Good luck!
행운을 빌어!

Keep my fingers crossed.
잘 되길 바래.

I'll pray for your success.
네 성공을 기도할게.

I hope things will turn out well for you.
좋은 결과가 있길 바래.

Wishes 기원

1. 나는 집안을 구석구석 청소하느라 바빠.

2. 그것은 새로 출시된 MP3 플레이어인 것 같아.

3. 이 MP3 플레이어는 어떻게 사용하나요?

4. 나는 막 해산물 스파게티를 만들려던 참이었어.

5. 너의 요리법에 대해 말해줘.

6. 손님들이 도착하기 전에 네 방을 청소해.

7. 이 옷들을 어떻게 해야 할까?

8. 세탁기에 넣기에는 너무 많아.

9. 당신의 디지털 카메라를 빌려도 될까요?

10. 해산물을 신선하게 유지하는 것이 중요해.

11. 내가 기꺼이 재사용 가능한 물품들을 분리할게.

12. 쓰레기를 분리하는 거 잊지 마.

13. 이 바지들을 저에게 맞도록 수선할 수 있어요?

14. 진공청소기로 거실을 청소해도 될까?

15. 그것들은 재활용품 수거함에 속해.

Answers

1. I'm busy cleaning the house from top to bottom.
2. It looks like a brand-new MP3 player.
3. How do I use this MP3 player?
4. I was about to make seafood spaghetti.
5. Tell me about your recipe.
6. Clean up your room before our guests arrive.
7. What should I do with these clothes?
8. There's too much to put in the washing machine.
9. May I borrow your digital camera?
10. It's important that you keep the seafood fresh.
11. I'm willing to separate reusable items.
12. Don't forget to sort the garbage.
13. Can you alter these pants to fit me?
14. Do you mind if I vacuum the living room?
15. They belong in the recyclable goods section.

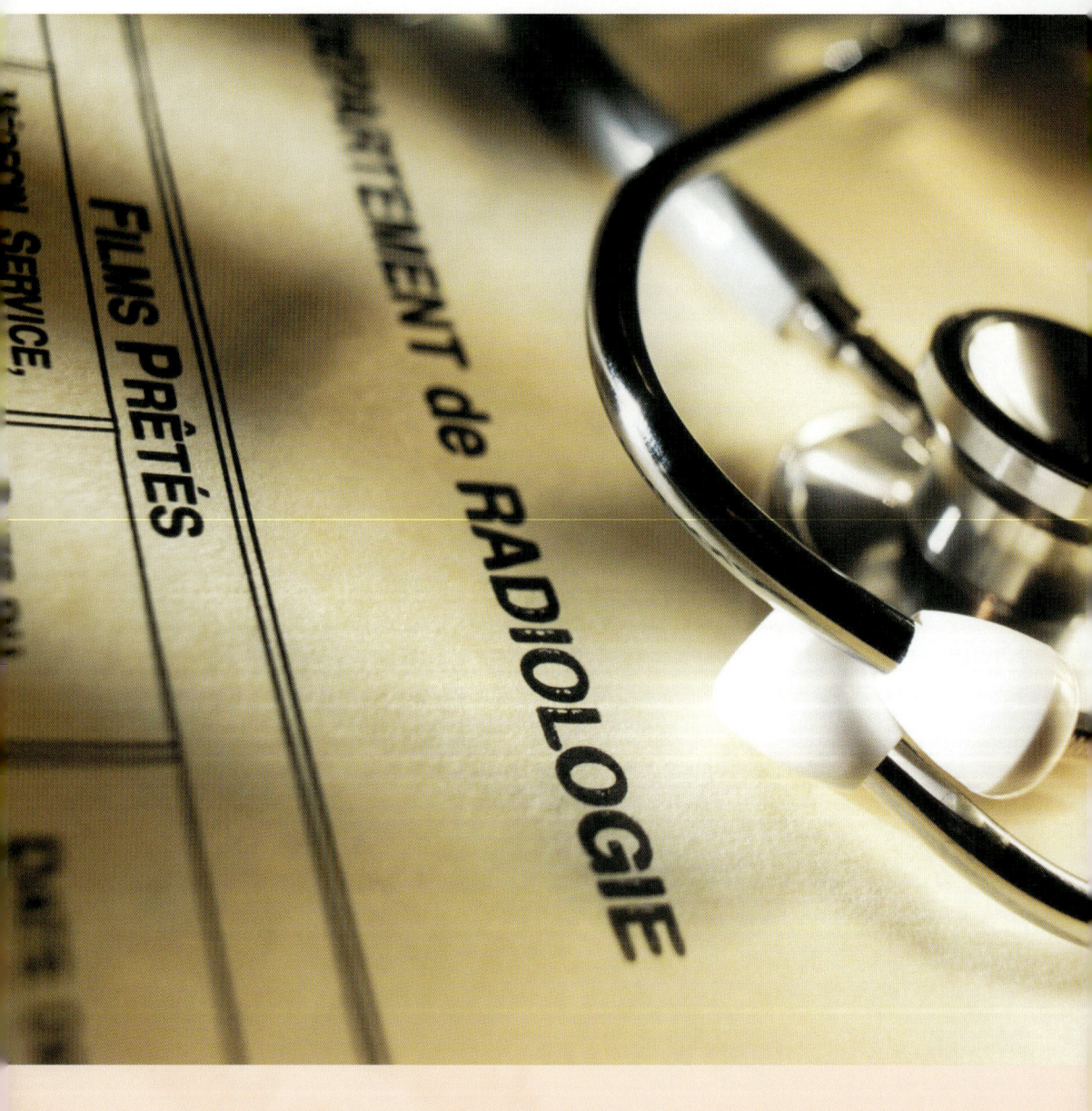

WEEK 8

- **Day 1** 응급 전화
- **Day 2** 증상 말하기
- **Day 3** 약국에서
- **Day 4** 조퇴하기
- **Day 5** 체중 조절

HEALTH

갑자기 배가 아파 쓰러질 것 같아요. **Health(건강)**에 문제가 생긴 것 같아 불안해요. 119로 **Calling in an Emergency(응급 전화)**를 하고 병원에 실려 가요. 의사 선생님께 **Describing Symptoms(증상 말하기)**를 하고 나니 **Diet(체중 조절)**를 하래요. 응급실에서 나와 약을 지으러 **Pharmacy(약국)**에 가요. 약을 먹어도 계속 아파서 오늘은 **Going Home Early(조퇴하기)**를 해요.

Preview

Pattern 106
I have a serious pain in my stomach.
위에 심한 통증이 있어요.

Pattern 107
Do you have any difficulty standing up?
일어서는 데 어려움이 있나요?

Pattern 108
Please send an ambulance **as soon as possible**.
가능한 빨리 구급차를 보내주세요.

Pattern 109
Can you describe your symptoms, please?
증상을 말씀해 주시겠어요?

Pattern 110
I tend to have digestive problems regularly.
저는 정기적으로 소화 불량인 경향이 있어요.

Pattern 111
It gets worse when I'm stressed.
스트레스를 받을 때 더 악화돼요.

Pattern 112
This medicine is most effective for your symptoms.
이 약은 당신의 증상에 가장 효과적이에요.

Pattern 113
You should take your medicine once a day.
하루에 한 번씩 약을 복용하세요.

Pattern 114
You'll feel much better soon.
곧 훨씬 좋아지는 것을 느낄 거예요.

Pattern 115
I can't stay until the end of the workday.
퇴근 시간까지 있을 수 없어요.

Pattern 116
I guess something was wrong with my lunch.
점심때 먹은 음식이 잘못됐던 것 같아요.

Pattern 117
Do you want me to take you to the hospital?
제가 병원에 데려다 줄까요?

Pattern 118
I'm trying to stay on my diet plan.
나는 체중 조절 계획을 지키려고 노력하고 있어.

Pattern 119
You really shouldn't be eating sweets.
너는 정말로 단 음식을 먹으면 안 되잖아.

Pattern 120
It's so hard to wake up early to jog.
조깅하려고 일찍 일어나기는 정말 어려워.

DAY 1

응급 전화
Calling in an Emergency

Pattern 106
I have a **serious pain** in my stomach.

Pattern 107
Do you have any difficulty standing up?

Pattern 108
Please send an ambulance **as soon as possible**.

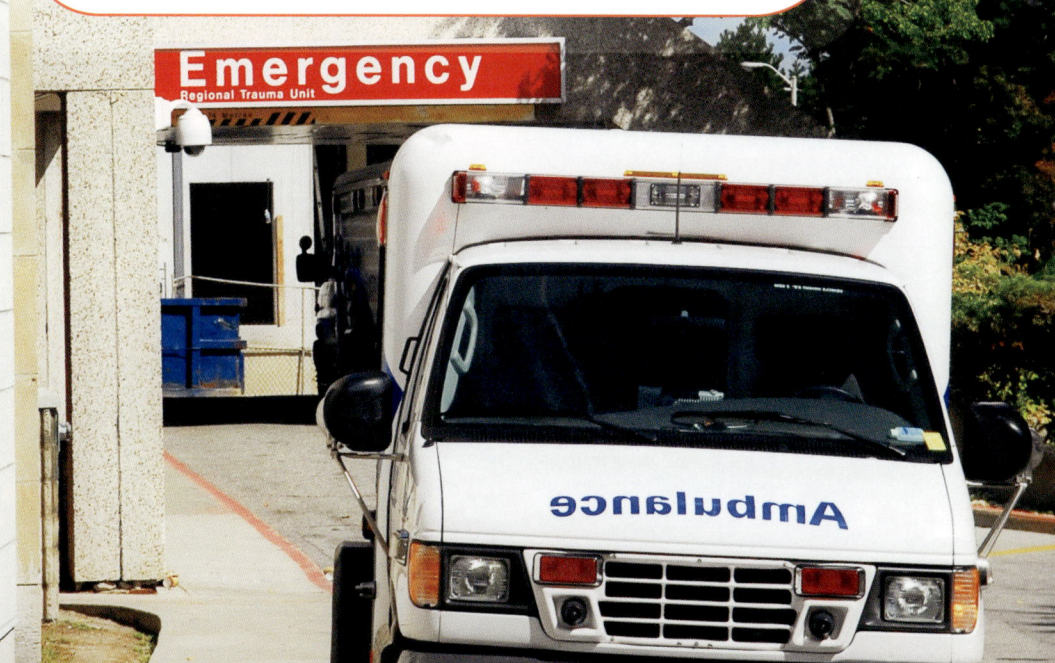

PATTERN 106

I have a serious pain in my stomach.

위에 심한 통증이 있어요.

I have a serious pain ~은 '(저는 ~에) 심한 통증이 있어요'라는 의미로, pain은 아픔을 나타내는 보편적인 말이다.

I have a serious pain in my throat.
목에 심한 통증이 있어요.

I have a serious pain and vomiting.
구토와 함께 심한 통증이 있어요.

I have a serious pain and a high fever.
고열과 함께 심한 통증이 있어요.

PATTERN 107

Do you have any difficulty standing up?

일어서는 데 어려움이 있나요?

Do you have any difficulty ~?는 '(당신은) ~하는 데 어려움이 있나요?'라는 의미로, 증상에 대해 물어볼 때 사용할 수 있는 표현이다.

Do you have any difficulty breathing?
호흡하는 데 어려움이 있나요?

Do you have any difficulty chewing food?
음식을 씹는 데 어려움이 있나요?

Do you have any difficulty bending your knees?
무릎을 굽히는 데 어려움이 있나요?

PATTERN 108

Please send an ambulance **as soon as possible**.

가능한 빨리 구급차를 보내주세요.

~ as soon as possible은 '가능한 빨리 ~'라는 의미로, 각 단어의 첫 글자만 사용해서 ASAP 로도 많이 표현한다.

See a doctor **as soon as possible**.
가능한 빨리 진찰을 받으세요.

You need to go on a diet **as soon as possible**.
가능한 빨리 체중 조절을 시작할 필요가 있어요.

Call 119 and report the emergency **as soon as possible**.
가능한 빨리 119에 전화하고 응급 상황을 보고하세요.

Tips from Natives

Korean : Where is emergency box with band?
Native : **Where is the first-aid kit with Band-Aids?**
반창고가 들어 있는 구급약 상자는 어디에 있어요?

구급약 상자는 영어로, 특정한 목적을 위한 도구나 장비가 들어 있는 세트를 의미하는 kit를 사용한 first-aid kit 라고 하며, 반창고는 Band-Aid라고 해요. band는 음악을 하는 밴드를 의미하니 주의하도록 해요.

DIALOGUE
건강 – 응급 전화

A: 119. How may I help you?

B: **I have a serious pain in my stomach.**

A: **Do you have any difficulty standing up?**

B: Yes. I can't stand up or move.
Please send an ambulance as soon as possible.

A: We'll send one right away.

A: 119입니다. 어떻게 도와드릴까요?

B: 위에 심한 통증이 있어요.

A: 일어서는 데 어려움이 있나요?

B: 네. 일어서거나 움직일 수 없어요.
가능한 빨리 구급차를 보내주세요.

A: 즉시 구급차를 보내드릴게요.

DAY 2

증상 말하기
Describing Symptoms

Pattern 109
Can you describe your symptoms, please?

Pattern 110
I tend to have digestive problems regularly.

Pattern 111
It gets worse when I'm stressed.

Pattern 109

Can you describe your symptoms, please?

증상을 말씀해 주시겠어요?

Can you describe ~?는 '(당신은) ~을 말씀해 주시겠어요?'라는 의미로, describe는 '~에 대해 묘사하다'라는 뜻이 있다.

Can you describe the pain?
통증을 말씀해 주시겠어요?

Can you describe how your legs feel?
다리가 어떤지 말씀해 주시겠어요?

Can you describe how it feels when I press here?
제가 여기를 누르면 어떤지 말씀해 주시겠어요?

Pattern 110

I tend to have digestive problems regularly.

저는 정기적으로 소화 불량인 경향이 있어요.

I tend to ~는 '저는 ~하는 경향이 있어요'라는 의미이며, 유사한 표현으로는 I have a tendency to ~가 있다.

I tend to get tired more than usual.
저는 평상시보다 더 피곤해지는 경향이 있어요.

I tend to get diarrhea once every two days.
저는 이틀에 한 번꼴로 설사를 하는 경향이 있어요.

I tend to have an allergic reaction to pollen.
저는 꽃가루에 알레르기 반응이 있는 경향이 있어요.

PATTERN 111

It gets worse when I'm stressed.

스트레스를 받을 때 더 악화돼요.

It gets worse when ~은 '~할 때 더 악화돼요'라는 의미로, '더 ~하게 되다'라는 뜻이 있는 get+비교급의 형태에서 나온 표현이다.

It gets worse when I swallow.
삼킬 때 더 악화돼요.

It gets worse when I walk or run.
걷거나 달릴 때 더 악화돼요.

It gets worse when I don't have enough sleep.
잠을 충분히 못 잘 때 더 악화돼요.

Tips from Natives

Korean : Tim has the chickenpox and Mike has the lung cancer.
Native : **Tim has the chickenpox and Mike has lung cancer.**
Tim은 수두를, Mike는 폐암을 앓고 있어요.

감기, 홍역 등과 같이 심각하지 않은 병명 앞에는 the를 사용하지만, 암, 에이즈 등과 같은 심각한 질병에는 the를 사용하지 않아요. 이 외에, 영어로 감기는 cold, 두통은 headache, 복통은 stomachache, 치통 toothache, 현기증은 dizziness, 변비는 constipation이라고 해요.

Describing Symptoms

DIALOGUE
건강 – 증상 말하기

A : **Can you describe your symptoms, please?**

B : I have a sharp pain in my stomach.

A : Do you have a history of stomach pain?

B : Yes. **I tend to have digestive problems regularly. It gets worse when I'm stressed.**

A : Well, you'll need to go through some medical examinations.

A: 증상을 말씀해 주시겠어요?

B: 위에 심한 통증이 있어요.

A: 전에도 위에 통증이 있었던 적이 있나요?

B: 네. 저는 정기적으로 소화 불량인 경향이 있어요.
스트레스를 받을 때 더 악화돼요.

A: 그렇다면, 몇 가지 검진을 받아보셔야 할 것 같네요.

DAY 3

약국에서
At the Pharmacy

Pattern 112
This medicine is most effective for your symptoms.

Pattern 113
You should take your medicine once a day.

Pattern 114
You'll feel much better soon.

PATTERN 112

This medicine is most effective for your symptoms.

이 약은 당신의 증상에 가장 효과적이에요.

This medicine is ~는 '이 약은 ~예요'라는 의미로, medicine과 medication은 약물이나 약을 나타내는 유의어이다.

This medicine is easy to take.
이 약은 복용하기 쉬워요.

This medicine is good for the heart.
이 약은 심장에 잘 들어요.

This medicine is an effective pain reliever.
이 약은 효과적인 진통제예요.

PATTERN 113

You should take your medicine once a day.

하루에 한 번씩 약을 복용하세요.

You should take ~는 '(당신은) ~을 복용하세요'라는 의미로, take는 '(약 등을) 복용하다'의 뜻으로 사용되었다.

You should take one pill at a time.
한 번에 한 알씩만 복용하세요.

You should take this tablet before sleeping.
잠들기 전에 이 알약을 복용하세요.

You should take this medicine thirty minutes after each meal.
매 식후 30분에 이 약을 복용하세요.

PATTERN 114

You'll feel much better soon.

곧 훨씬 좋아지는 것을 느낄 거예요.

You'll feel ~은 '(당신은) ~하게 느낄 거예요'라는 의미로, feel 뒤에 형용사가 와서 상태를 나타낸다.

You'll feel sleepy after taking this medicine.
이 약을 복용한 후에 졸리다고 느낄 거예요.

You'll feel healthier after you take this medicine.
이 약을 복용한 후에 더 건강해졌다고 느낄 거예요.

You'll feel no more pain an hour after taking this medicine.
이 약을 복용한 1시간 후에는 더 이상 통증을 느끼지 않을 거예요.

Tips from Natives

Korean : Can you give me a drug?

Native : **Can you give me some medication?**
약 좀 주시겠어요?

drug는 '사람의 신체에 해를 가하는 향정신성 약'을 의미하기도 하므로 약을 달라고 할 때는 medication이나 medicine이라고 말하는 것이 좋아요. 또한, 영어권 국가의 약국인 drugstore에서는 약품뿐만 아니라 화장품, 과자, 음료수 같은 다른 품목을 취급하기도 해요.

At the Pharmacy | 209

DIALOGUE

건강 – 약국에서

A : Here's your medicine.
   This medicine is most effective for your symptoms.

B : How often should I take it?

A : **You should take your medicine once a day.**
   You'll feel much better soon.

A: 조제된 약입니다.
   이 약은 환자분 증상에 가장 효과적이에요.
B: 제가 얼마나 자주 그 약을 복용해야 하나요?
A: 하루에 한 번씩 약을 복용하세요.
   곧 훨씬 좋아지는 것을 느낄 거예요.

DAY 4

조퇴하기
Going Home Early

Pattern 115
I can't stay until the end of the workday.

Pattern 116
I guess something was wrong with my lunch.

Pattern 117
Do you want me to take you to the hospital?

PATTERN 115

I can't stay until the end of the workday.

퇴근 시간까지 있을 수 없어요.

I can't stay ~는 '(저는) ~에 있을 수 없어요'라는 의미로, 조퇴할 때 사용할 수 있는 표현이다.

I can't stay until lunch time.
점심때까지 있을 수 없어요.

I can't stay for the whole day.
온종일 있을 수 없어요.

I can't stay for the rest of the day.
남은 시간 동안 있을 수 없어요.

PATTERN 116

I guess something was wrong with my lunch.

점심때 먹은 음식이 잘못됐던 것 같아요.

I guess ~는 '(저는) ~인 것 같아요'라는 의미로, 추측을 나타낼 때 사용하는 표현이다. 유사한 표현에는 I suppose ~와 I think ~ 등이 있다.

I guess I have a bad cold.
독감에 걸린 것 같아요.

I guess I got food poisoning last night.
지난밤에 식중독에 걸린 것 같아요.

I guess I'm having a terrible headache.
심한 두통이 있는 것 같아요.

PATTERN 117

Do you want me to take you to the hospital?

제가 병원에 데려다 줄까요?

Do you want me to ~?는 '제가 (당신을) ~해 줄까요?'라는 의미로, 상대방이 무엇을 원하는지 물어볼 때 사용하는 표현이다.

Do you want me to drive you home?
제가 집까지 태워다 줄까요?

Do you want me to call your family?
제가 당신의 가족에게 전화해 줄까요?

Do you want me to walk you to your car?
제가 당신의 차까지 부축해 줄까요?

Tips from Natives

Korean : I feel I'm going to overeat.

Native : **I feel like I'm going to throw up.**

토할 것 같아요.

'구토하다'의 뜻으로 사용되고 있는 오바이트는 '과식하다'를 의미하는 overeat이 잘못 사용되고 있는 말로, 올바른 표현은 throw up과 vomit이에요. 따라서 '토할 것 같아요.'는 I feel like I'm going to throw up. 혹은 I feel like I'm going to vomit.이라고 표현해요.

Going Home Early | 213

DIALOGUE
건강 – 조퇴하기

A: **I'm sorry, but I can't stay until the end of the workday.**

B: Is everything OK? You look pale.

A: **I guess something was wrong with my lunch.**

B: **Do you want me to take you to the hospital?**

A: No, thanks. I think I just need to rest at home.

B: OK. Take care.

A: 죄송하지만, 퇴근 시간까지 있을 수 없어요.
B: 괜찮아요? 창백해 보여요.
A: 점심때 먹은 음식이 잘못됐던 것 같아요.
B: 제가 병원에 데려다 줄까요?
A: 고맙지만 괜찮아요. 집에서 쉬면 될 것 같아요.
B: 알았어요. 푹 쉬세요.

DAY 5

체중 조절

Diet

Pattern 118
I'm trying to stay on my diet plan.

Pattern 119
You really shouldn't be eating sweets.

Pattern 120
It's so hard to wake up early to jog.

Pattern 118

I'm trying to stay on my diet plan.

나는 체중 조절 계획을 지키려고 노력하고 있어.

I'm trying to ~는 '나는 ~하려고 노력하고 있어'라는 의미로, '~을 위해 노력하다'는 뜻을 가진 try to를 인용한 표현이다.

I'm trying to lose weight.
나는 살을 빼려고 노력하고 있어.

I'm trying to cut down on soft drinks.
나는 청량음료 마시는 것을 줄이려고 노력하고 있어.

I'm trying to eat healthy food more often.
나는 좀 더 자주 건강식을 먹으려고 노력하고 있어.

Pattern 119

You really shouldn't be eating sweets.

너는 정말로 단 음식을 먹으면 안 되잖아.

You really shouldn't be ~는 '너는 정말로 ~하면 안 되잖아'라는 의미로, shouldn't be는 행동을 강하게 자제해야 함을 나타낼 때 사용하는 표현이다.

You really shouldn't be avoiding exercise.
너는 정말로 운동을 피하면 안 되잖아.

You really shouldn't be eating late at night.
너는 정말로 밤늦게 먹으면 안 되잖아.

You really shouldn't be dining out so often.
너는 정말로 그렇게 자주 외식하면 안 되잖아.

PATTERN 120

It's so hard to wake up early to jog.

조깅하려고 일찍 일어나기는 정말 어려워.

It's so hard to ~는 '~하기는 정말 어려워'라는 의미로, 반대되는 표현은 '~하기는 정말 쉬워'라는 의미인 It's so easy to ~가 있다.

It's so hard to count calories.
열량을 계산하기는 정말 어려워.

It's so hard to limit my meat intake.
육류 섭취를 제한하기는 정말 어려워.

It's so hard to control how much I eat.
식사량을 조절하기는 정말 어려워.

Tips from Natives

Korean : I'm doing diet.

Native : **I'm on a diet.**

나는 체중 조절을 하고 있어요.

'나는 체중 조절을 하고 있어요.'라고 할 때는, '~중'이라는 진행의 의미가 있는 전치사 on을 사용해서 I'm on a diet. 라고 해요. 이 때, diet는 가산 명사이므로 a를 사용해서 a diet라고 표현해요.

Diet | 217

DIALOGUE

건강 – 체중 조절

A : **I'm trying to stay on my diet plan.**

B : Then why are you eating cake now?
   You really shouldn't be eating sweets.

A : I know, but it's not easy to stop.

B : Do you exercise?

A : **Yes, but it's so hard to wake up early to jog.**

A: 나는 체중 조절 계획을 지키려고 노력하고 있어.
B: 그런데 지금 왜 케이크를 먹는 거야?
   너는 정말로 단 음식을 먹으면 안 되잖아.
A: 알아, 그렇지만 그만 먹는 것은 쉽지 않아.
B: 운동은 하니?
A: 응, 그렇지만 조깅하려고 일찍 일어나기는 정말 어려워.

ENGLISH THEMES

걱정과 위로

I'm nervous.
나는 긴장이 돼.

I'm in trouble.
나는 곤경에 처했어.

I'm on edge right now.
나는 지금 긴장했어.

I have a lot on my mind.
머릿속이 복잡해.

Worries 걱정

Don't worry too much.
너무 많이 걱정하지 마.

I'm always here for you.
나는 항상 너를 위해 여기 있어.

It's not a big deal.
큰 문제가 아니야.

Don't be disappointed.
실망하지 마.

Consolations 위로

Review

1. 위에 심한 통증이 있어요.

2. 제가 병원에 데려다 줄까요?

3. 점심때 먹은 음식이 잘못됐던 것 같아요.

4. 너는 정말로 단 음식을 먹으면 안 되잖아.

5. 가능한 빨리 구급차를 보내주세요.

6. 조깅하려고 일찍 일어나기는 정말 어려워.

7. 일어서는 데 어려움이 있나요?

8. 증상을 말씀해 주시겠어요?

9. 곧 훨씬 좋아지는 것을 느낄 거예요.

10. 하루에 한 번씩 약을 복용하세요.

11. 나는 체중 조절 계획을 지키려고 노력하고 있어.

12. 스트레스를 받을 때 더 악화돼요.

13. 퇴근 시간까지 있을 수 없어요.

14. 이 약은 당신의 증상에 가장 효과적이에요.

15. 저는 정기적으로 소화 불량인 경향이 있어요.

Answers

1. I have a serious pain in my stomach.
2. Do you want me to take you to the hospital?
3. I guess something was wrong with my lunch.
4. You really shouldn't be eating sweets.
5. Please send an ambulance as soon as possible.
6. It's so hard to wake up early to jog.
7. Do you have any difficulty standing up?
8. Can you describe your symptoms, please?
9. You'll feel much better soon.
10. You should take your medicine once a day.
11. I'm trying to stay on my diet plan.
12. It gets worse when I'm stressed.
13. I can't stay until the end of the workday.
14. This medicine is most effective for your symptoms.
15. I tend to have digestive problems regularly.

WEEK 9

Day 1 휴가 계획하기
Day 2 예약하기
Day 3 여름휴가
Day 4 겨울휴가
Day 5 여행 경험

VACATIONS

기다리고 기다리던 Vacations(휴가)예요. 친구들과 함께 Planning a Vacation (휴가 계획하기)을 한 후, Making a Reservation(예약하기)을 해요. 이번 Summer Vacation(여름휴가)에는 바다로 왔지만, Winter Vacation (겨울휴가)에는 스노보드를 타러 가기로 해요. 친구들과 놀러 가서 Travel Experience(여행 경험)에 대해 말하다 보니 날이 밝아 와요.

Preview

Pattern 121 — **I'll take** next week **off**.
나는 다음 주에 휴가를 낼 거야.

Pattern 122 — **I'm planning to** visit my cousin in California.
나는 캘리포니아에 있는 내 사촌을 방문할 예정이야.

Pattern 123 — **I've been too busy with** work.
나는 일로 너무 바빴어.

Pattern 124 — **May I have your** name, please?
성함을 말씀해 주시겠어요?

Pattern 125 — **Book me for** the morning flight, please.
아침 비행기로 예약해 주세요.

Pattern 126 — **Make sure you** have your passport and ticket with you.
여권과 표를 가지고 가시는 것을 명심하세요.

Pattern 127 — Going to the beach **is so much better than** going to the pool.
해변에 가는 것이 수영장에 가는 것보다 훨씬 나아.

Pattern 128 — **I prefer to** go to the beach.
나는 해변에 가는 것을 선호해.

Pattern 129 — **I'm looking forward to** this trip.
나는 이번 여행을 손꼽아 기다리고 있어.

Pattern 130 — **I'm a huge fan of** winter sports.
나는 겨울 스포츠를 굉장히 좋아해.

Pattern 131 — **I don't know how to** snowboard.
나는 스노보드를 어떻게 타는지 몰라.

Pattern 132 — Yong Pyeong **is the best place to** snowboard.
용평은 스노보드 타기에 최고의 장소야.

Pattern 133 — **Have you ever** been abroad?
외국에 가 본 적 있어?

Pattern 134 — I backpacked around Europe **when I was** in university.
나는 대학생이었을 때, 유럽 곳곳을 배낭여행했어.

Pattern 135 — **I remember** my special friend, Barbara.
나는 나의 특별한 친구인 Barbara를 기억해.

DAY 1

휴가 계획하기
Planning a Vacation

Pattern 121
I'll take next week off.

Pattern 122
I'm planning to visit my cousin in California.

Pattern 123
I've been too busy with work.

Pattern 121

I'll take next week off.

나는 다음 주에 휴가를 낼 거야.

I'll take ~ off는 '나는 ~에 휴가를 낼 거야'라는 의미로, take와 off 사이에는 시간과 관련된 표현을 넣어서 휴가를 내는 기간에 대해 표현할 수 있다.

I'll take Friday off.
나는 금요일에 휴가를 낼 거야.

I'll take next year off.
나는 내년에 일 년 휴가를 낼 거야.

I'll take the whole month of March off.
나는 3월에 한 달간 휴가를 낼 거야.

Pattern 122

I'm planning to visit my cousin in California.

나는 캘리포니아에 있는 내 사촌을 방문할 예정이야.

I'm planning to ~는 '나는 ~을 할 예정이야'라는 의미로, 유사한 의미의 be going to는 말하는 시점에서 순간적으로 계획한 일을 나타낸다.

I'm planning to travel to Colombia for a week.
나는 일주일 동안 콜롬비아로 여행할 예정이야.

I'm planning to take a short trip to the Philippines in August.
나는 8월에 필리핀으로 짧게 여행을 다녀 올 예정이야.

I'm planning to stay home and rest over this summer vacation.
나는 이번 여름휴가 동안 집에 머물면서 쉴 예정이야.

PATTERN 123

I've been too busy with work.

나는 일로 너무 바빴어.

I've been too busy with ~는 '나는 ~로 너무 바빴어'라는 의미로, be busy with ~는 '~로 바쁘다'라는 의미가 있다.

I've been too busy with exams.
나는 시험으로 너무 바빴어.

I've been too busy with the new project.
나는 새 프로젝트로 너무 바빴어.

I've been too busy with my personal life.
나는 개인적인 일로 너무 바빴어.

Tips from Natives

Korean : We tour Japan for vacation next year.
Native : **We plan to travel to Japan for vacation.**
우리는 휴가 때 일본으로 여행을 갈 계획이에요.

tour는 주로 역사적인 장소를 방문하는 여행이나, 여러 장소를 방문하는 관광을 의미하므로 '여행하다'라는 의미를 나타낼 때는 travel로 표현해요. 또한, '~로 (예정된) 여행을 하다'는 plan to travel to(장소)로 표현해요.

Planning a Vacation | 227

DIALOGUE

휴가 – 휴가 계획하기

A: **I'll take next week off. I'm planning to visit my cousin in California.**

B: This is all very sudden. Is everything OK with you?

A: **I've been too busy with work.** I think I need a vacation.

B: That makes sense. Enjoy your vacation.

A: 저는 다음 주에 휴가를 낼 거예요.
캘리포니아에 있는 제 사촌을 방문할 예정이에요.

B: 너무 갑작스럽네요. 무슨 문제 있는 건 아니죠?

A: 저는 일로 너무 바빴어요. 휴가가 필요한 것 같아요.

B: 이해가 되네요. 즐거운 휴가 보내세요.

DAY 2

예약하기
Making a Reservation

Pattern 124

May I have your name, please?

Pattern 125

Book me for the morning flight, please.

Pattern 126

Make sure you have your passport and ticket with you.

PATTERN 124

May I have your name, please?

성함을 말씀해 주시겠어요?

May I have your ~?는 본래 '(제가 당신의) ~을 가져도 될까요?'라는 의미이지만, 허락을 요청할 때는 '~해 주시겠어요?'라는 의미로 사용된다.

May I have your home address, please?
집 주소를 말씀해 주시겠어요?

May I have your phone number, please?
전화번호를 말씀해 주시겠어요?

May I have your passport number, please?
여권 번호를 말씀해 주시겠어요?

PATTERN 125

Book me for the morning flight, please.

아침 비행기로 예약해 주세요.

Book me for ~는 '(저를) ~로 예약해 주세요'라는 의미로, book 외에 '예약하다'라는 뜻을 나타내는 표현에는 reserve, make a reservation 등이 있다.

Book me for a seat in economy class, please.
일반석으로 예약해 주세요.

Book me for a single room on June 15th, please.
6월 15일에 1인실로 예약해 주세요.

Book me for a guided-tour to Hawaii in May, please.
5월에 하와이 가이드 관광으로 예약해 주세요.

PATTERN 126

Make sure you have your passport and ticket with you.

여권과 표를 가지고 가시는 것을 명심하세요.

Make sure you ~는 '(당신은) ~하시는 것을 명심하세요'라는 의미로, 유사한 표현으로는 be sure to가 있다.

Make sure you confirm your reservation for the flight.
비행편 예약 확인하시는 것을 명심하세요.

Make sure you check the weight limit of your airline.
탑승하시는 항공사의 무게 제한을 확인하시는 것을 명심하세요.

Make sure you arrive at the airport three hours before your flight.
탑승 세 시간 전에 공항에 도착하시는 것을 명심하세요.

Tips from Natives

Korean : I want to borrow a condo.

Native : **I'd like to reserve a condo-hotel unit.**

콘도 호텔 한 가구를 예약하고 싶어요.

휴가 동안 대여해서 사용할 수 있는 숙박 시설은 condo-hotel 혹은 condotel이라고 하며, 이는 일반 호텔과 비슷한 시설을 가지고 있지만 방보다는 한 가구의 개념인 unit으로 대여해서 사용할 수 있어요.

Making a Reservation | 231

DIALOGUE

휴가 – 예약하기

A : I'd like to book a flight to California this Sunday.

B : **May I have your name, please?**

A : Robert Baker. **Book me for the morning flight, please.**

B : We'll send your electronic ticket via email.
   Make sure you have your passport and ticket with you.

A : 이번 일요일에 캘리포니아로 가는 비행기를 예약하고 싶어요.

B : 성함을 말씀해 주시겠어요?

A : Robert Baker예요. 아침 비행기로 예약해 주세요.

B : 전자 항공권을 이메일로 보내드릴게요.
   여권과 표를 가지고 가시는 것을 명심하세요.

DAY

여름휴가
Summer Vacation

Pattern 127

Going to the beach **is so much better than** going to the pool.

Pattern 128

I prefer to go to the beach.

Pattern 129

I'm looking forward to this trip.

PATTERN 127

Going to the beach is so much better than going to the pool.

해변에 가는 것이 수영장에 가는 것보다 훨씬 나아.

be so much better than ~은 '~보다 훨씬 나아'라는 의미로, 비교급 앞에 much를 사용한 비교급의 강조 형태이다.

Water skiing is so much better than scuba diving.
수상 스키가 스쿠버 다이빙보다 훨씬 나아.

Summer sports are so much better than winter sports.
여름 스포츠가 겨울 스포츠보다 훨씬 나아.

Backpacking is so much better than traveling with a tour group.
배낭여행하는 것이 단체 여행하는 것보다 훨씬 나아.

PATTERN 128

I prefer to go to the beach.

나는 해변에 가는 것을 선호해.

I prefer to ~는 '나는 ~하는 것을 선호해'라는 의미로, 유사한 표현인 prefer A to B는 두 개의 대상을 비교할 때 사용하는 표현이다.

I prefer to travel overseas.
나는 외국으로 여행 가는 것을 선호해.

I prefer to camp in summer.
나는 여름에 캠핑하는 것을 선호해.

I prefer to go sightseeing at historical places.
나는 역사적인 장소를 관광하는 것을 선호해.

PATTERN 129

I'm looking forward to this trip.

나는 이번 여행을 손꼽아 기다리고 있어.

I'm looking forward to ~는 '나는 ~을 손꼽아 기다리고 있어'라는 의미로, 기대나 소망을 표현한다.

I'm looking forward to seeing you guys.
나는 너희들을 만나는 것을 손꼽아 기다리고 있어.

I'm looking forward to our summer vacation.
나는 우리의 여름휴가를 손꼽아 기다리고 있어.

I'm looking forward to the first flight of my life.
나는 내 인생에 첫 비행을 손꼽아 기다리고 있어.

Tips from Natives

Korean : I want to go swimming in a beach in summer.

Native : **I want to go swimming at the beach this summer.**

이번 여름에 해변에 수영하러 가고 싶어요.

'여름에'를 뜻하는 단어인 in summer는 먼 미래의 여름까지도 포함해서 말하는 것이므로, '이번 여름'은 this summer라고 표현해요. 또한, '바다에서' 혹은 '해변에서'는 in a beach가 아니라 at the beach예요.

Summer Vacation | 235

DIALOGUE

휴가 – 여름휴가

A: What are we going to do during summer vacation?

B: **I prefer to go to the beach.**

A: How about going to the pool? It's much nearer.

B: **Going to the beach is so much better than going to the pool.**

A: Alright. Let's go to the beach, then.

B: **I'm looking forward to this trip.**

A: 우리 여름휴가 동안 뭐 할 거야?
B: 나는 해변에 가는 것을 선호해.
A: 수영장에 가는 게 어때? 그게 훨씬 더 가깝잖아.
B: 해변에 가는 것이 수영장에 가는 것보다 훨씬 나아.
A: 좋아. 그럼 해변으로 가자.
B: 나는 이번 여행을 손꼽아 기다리고 있어.

DAY 4

겨울휴가
Winter Vacation

Pattern 130

I'm a huge fan of winter sports.

Pattern 131

I don't know how to snowboard.

Pattern 132

Yong Pyeong **is the best place to** snowboard.

Pattern 130

I'm a huge fan of winter sports.

나는 겨울 스포츠를 굉장히 좋아해.

I'm a huge fan of ~는 '나는 ~을 굉장히 좋아해'라는 의미로, 유사한 표현으로는 '나는 ~의 열성 팬이야'라는 의미인 I'm a big fan of ~가 있다.

I'm a huge fan of skiing.
나는 스키 타는 것을 굉장히 좋아해.

I'm a huge fan of ice climbing.
나는 빙벽 등반하는 것을 굉장히 좋아해.

I'm a huge fan of traveling in winter.
나는 겨울에 여행하는 것을 굉장히 좋아해.

Pattern 131

I don't know how to snowboard.

나는 스노보드를 어떻게 타는지 몰라.

I don't know how to ~는 '나는 ~을 어떻게 하는지 몰라'라는 의미로, how to는 무엇을 하는 방법에 대한 표현이다.

I don't know how to read a map.
나는 지도를 어떻게 읽는지 몰라.

I don't know how to use a ski lift.
나는 스키 리프트를 어떻게 이용하는지 몰라.

I don't know how to make a fabulous plan.
나는 멋진 계획을 어떻게 세우는지 몰라.

PATTERN 132

Yong Pyeong is the best place to snowboard.

용평은 스노보드 타기에 최고의 장소야.

be the best place to ~는 '~하기에 최고의 장소이다'라는 의미로, the best가 최상의 의미를 나타낸다.

The Royal Hotel is the best place to stay.
Royal 호텔은 숙박하기에 최고의 장소야.

The pond at Queen Park is the best place to ice-skate.
Queen 공원에 있는 연못은 스케이트를 타기에 최고의 장소야.

The First Resort is the best place to spend winter vacation.
First 리조트는 겨울휴가를 보내기에 최고의 장소야.

Tips from Natives

Korean : I am going on a holiday next week.

Native : **I'll be taking a vacation next week.**

다음 주에 휴가를 낼 거예요.

미국에서 vacation은 '휴가'를 의미하고, holiday는 '정부에서 지정한 공휴일'을 의미하는 반면, 영국에서는 holiday가 두 가지 의미를 모두 가지고 있어요. 이 외에, '병가'는 sick leave, '출산 휴가'는 maternity leave, '육아 휴가'는 childcare leave로 표현해요.

Winter Vacation | 239

DIALOGUE

휴가 – 겨울휴가

A: What are your plans during winter vacation?

B: I'm going snowboarding as usual.
I'm a huge fan of winter sports.

A: **I don't know how to snowboard.**
Where do you usually go?

B: **Yong Pyeong is the best place to snowboard.**

A: Sounds exciting.

A: 겨울휴가 동안 계획이 어떻게 되니?

B: 늘 그렇듯이, 나는 스노보드를 타러 갈 거야.
나는 겨울 스포츠를 굉장히 좋아해.

A: 나는 스노보드를 어떻게 타는지 몰라.
너는 주로 어디로 가니?

B: 용평이 스노보드 타기에 최고의 장소야.

A: 신나겠는걸.

DAY 5

여행 경험
Travel Experience

Pattern 133

Have you ever been abroad?

Pattern 134

I backpacked around Europe **when I was** in university.

Pattern 135

I remember my special friend, Barbara.

PATTERN 133

Have you ever been abroad?

외국에 가 본 적 있어?

Have you ever ~?는 '(너는) ~해 본 적 있어?'라는 의미로, ever 뒤에 동사는 과거분사 형태임에 주의한다.

Have you ever been to the United States?
미국에 가 본 적 있어?

Have you ever been on a trip by yourself?
혼자서 여행해 본 적 있어?

Have you ever visited the Seven Wonders of the World?
세계 7대 불가사의를 방문해 본 적 있어?

PATTERN 134

I backpacked around Europe when I was in university.

나는 대학생이었을 때, 유럽 곳곳을 배낭여행했어.

when I was ~는 '나는 ~였을 때'라는 의미로, when 뒤에는 주어+동사의 형태가 온다.

I traveled around Australia **when I was** studying there.
나는 호주에서 공부하고 있었을 때, 호주 곳곳을 여행했어.

I traveled all over Korea **when I was** in my early twenties.
나는 20대 초반이었을 때, 한국의 전국을 여행했어.

I went sightseeing in Egypt **when I was** a high school student.
나는 고등학생이었을 때, 이집트로 관광을 갔었어.

PATTERN 135

I remember my special friend, Barbara.

나는 나의 특별한 친구인 Barbara를 기억해.

I remember ~는 '나는 ~을 기억해'라는 의미이며, remember to ~는 미래에 해야 할 일, remember ~ing는 과거의 기억에 대한 표현이다.

I remember their unique culture.
나는 그들만의 독특한 문화를 기억해.

I remember their laid-back attitude.
나는 그들의 느긋한 태도를 기억해.

I remember their kindness to foreigners.
나는 외국인들에 대한 그들의 친절을 기억해.

Tips from Natives

Korean : I'm going on business travel from Monday.
Native : **I'm going on a business trip on Monday.**

저는 월요일에 출장 가요.

travel은 여행의 총칭으로 주로 한 장소에서 다른 장소로 이동하는 여행을 의미하고, trip은 주로 특정한 목적을 가진 짧은 여행을, tour는 휴가 기간 동안 여러 장소를 방문하는 여행을, journey는 장기간 떠나는 여행이나 여정을 의미해요.

Travel Experience

DIALOGUE

휴가 – 여행 경험

A: **Have you ever been abroad?**

B: Yes. **I backpacked around Europe when I was in university.**

A: What do you remember the most from your trip?

B: **I remember my special friend, Barbara.**
   I met her in England and we're still very good friends.

A: 외국에 가 본 적 있어?

B: 응. 나는 대학생이었을 때, 유럽 곳곳을 배낭여행했어.

A: 그 여행에서 가장 기억에 남는 게 뭐야?

B: 나는 나의 특별한 친구인 Barbara를 기억해.
   나는 영국에서 그녀를 만났는데 우리는 여전히 아주 좋은 친구야.

ENGLISH THEMES

행복과 놀라움

I'm on top of the world.
나는 기분이 너무 좋아.

I'm glad to hear that.
나는 그 말을 들으니 기뻐.

I'm thrilled.
나는 감격했어.

I feel great.
나는 매우 행복해.

Happiness

행복

That's awesome!
굉장해!

It's amazing!
놀라워!

Absolutely perfect.
아주 훌륭해.

That's cool!
아주 좋아!

Surprise

놀라움

1. 성함을 말씀해 주시겠어요?

2. 나는 대학생이었을 때, 유럽 곳곳을 배낭여행했어.

3. 나는 해변에 가는 것을 선호해.

4. 나는 다음 주에 휴가를 낼 거야.

5. 나는 캘리포니아에 있는 내 사촌을 방문할 예정이야.

6. 아침 비행기로 예약해 주세요.

7. 용평은 스노보드 타기에 최고의 장소야.

8. 나는 이번 여행을 손꼽아 기다리고 있어.

9. 여권과 표를 가지고 가시는 것을 명심하세요.

10. 나는 겨울 스포츠를 굉장히 좋아해.

11. 나는 스노보드를 어떻게 타는지 몰라.

12. 나는 일로 너무 바빴어.

13. 외국에 가 본 적 있어?

14. 나는 나의 특별한 친구인 Barbara를 기억해.

15. 해변에 가는 것이 수영장에 가는 것보다 훨씬 나아.

Answers

1. May I have your name, please?
2. I backpacked around Europe when I was in university.
3. I prefer to go to the beach.
4. I'll take next week off.
5. I'm planning to visit my cousin in California.
6. Book me for the morning flight, please.
7. Yong Pyeong is the best place to snowboard.
8. I'm looking forward to this trip.
9. Make sure you have your passport and ticket with you.
10. I'm a huge fan of winter sports.
11. I don't know how to snowboard.
12. I've been too busy with work.
13. Have you ever been abroad?
14. I remember my special friend, Barbara.
15. Going to the beach is so much better than going to the pool.

WEEK 10

Day 1 공항에서
Day 2 기내에서
Day 3 출입국에서
Day 4 호텔에서
Day 5 관광하기

TRAVEL

외국으로 **Travel(여행)**을 떠나기 위해 **Airport(공항)**로 가요. **Plane(기내)**에서 한참을 졸다보니 드디어 도착했어요. **Immigration(출입국)**에서 방문 목적을 물어봐서 **Sightseeing(관광하기)**이라고 말하자 출입국 직원이 통과 시켜줘요. 열심히 영어를 공부한 보람이 있어요. 우선 **Hotel(호텔)**로 가서 체크인을 하고 어디부터 관광할지 고민해요.

Preview

Pattern 136 I'll **pick** you **up** when you get back.
네가 돌아올 때 내가 마중 나갈게.

Pattern 137 **Are you going to** Scotland?
스코틀랜드로 가시나요?

Pattern 138 **Go straight and** turn right at the corner.
직진해서 모퉁이에서 우회전 하세요.

Pattern 139 **We're scheduled to** arrive in Washington at 9:30 local time.
저희는 현지 시각으로 9시 30분에 워싱턴에 도착할 예정입니다.

Pattern 140 **Would you care for** any drinks?
음료를 드시겠어요?

Pattern 141 **I'm worried that I might** be anxious during the flight.
비행 내내 불안할까 봐 걱정돼.

Pattern 142 **May I see** your passport, please?
여권을 보여 주시겠어요?

Pattern 143 **What's the purpose of** your visit?
방문 목적이 무엇인가요?

Pattern 144 **I'm here** on vacation.
휴가차 왔어요.

Pattern 145 **I have a reservation** for a room with twin beds.
침대가 두 개인 방으로 예약했어요.

Pattern 146 **Can you help me** find the hotel restaurant?
호텔 식당 찾는 것을 도와주시겠어요?

Pattern 147 **How do I call** room service?
룸서비스에 어떻게 연결하나요?

Pattern 148 **You're not allowed to** bring food in here.
이곳에 음식물을 반입하시면 안 됩니다.

Pattern 149 **I can't afford to** eat in a restaurant.
나는 식당에서 식사할 여유가 없어.

Pattern 150 The Eiffel Tower **is the most famous** landmark in Paris.
에펠탑은 파리에서 가장 유명한 장소예요.

DAY 1

공항에서
At the Airport

Pattern 136
I'll **pick** you **up** when you get back.

Pattern 137
Are you going to Scotland?

Pattern 138
Go straight and turn right at the corner.

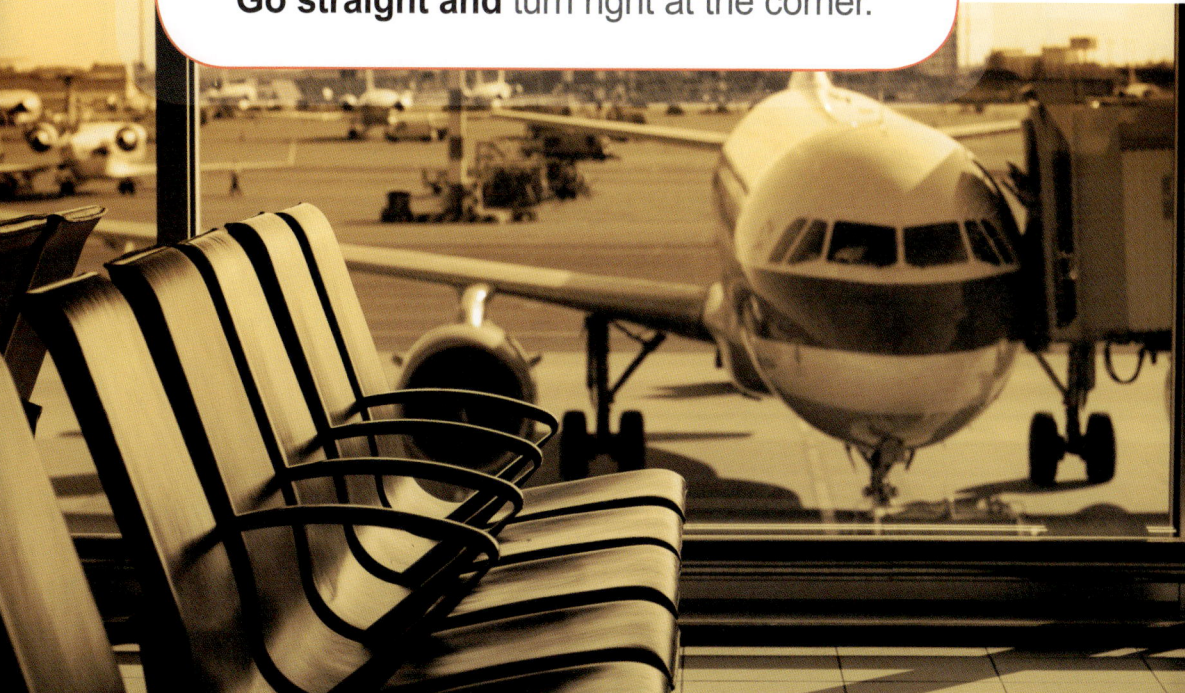

PATTERN 136

I'll **pick** you **up** when you get back.

네가 돌아올 때 내가 마중 나갈게.

pick up ~은 '~에 마중 나가다', '~을 찾다' 등의 의미로, 대명사는 pick you up과 같이 pick과 up사이에 위치해야 하는 것에 주의한다.

Where can I pick up my baggage?
제 짐을 어디에서 찾을 수 있나요?

You can pick up your visitors at the arrival area.
입국장에서 방문객들을 마중하실 수 있어요.

You can pick up your boarding pass at the ticket counter.
티켓 카운터에서 탑승권을 찾으실 수 있어요.

PATTERN 137

Are you going to Scotland?

스코틀랜드로 가시나요?

Are you going to ~?는 '(당신은) ~로 가시나요?'라는 의미로, be going to는 '~할 것이다' 라는 미래 표현이 아닌 현재진행형 시제로 사용되었다.

Are you going to Argentina?
아르헨티나로 가시나요?

Are you going to the Netherlands?
네덜란드로 가시나요?

Are you going to the Philippines or Thailand?
필리핀으로 가시나요, 혹은 태국으로 가시나요?

PATTERN 138

Go straight and turn right at the corner.

직진해서 모퉁이에서 우회전 하세요.

Go straight and ~는 '직진해서 ~하세요'라는 의미로, 방향을 나타내는 다른 표현에는 turn right '우회전하다', turn left '좌회전하다', turn around '뒤로 돌다' 등이 있다.

Go straight and take the first right.
직진해서 오른쪽 첫 번째 길로 가세요.

Go straight and turn left at the second corner.
직진해서 두 번째 모퉁이에서 좌회전 하세요.

Go straight and turn left then keep going for one more block.
직진해서 좌회전 한 후, 한 블록 더 직진하세요.

Tips from Natives

Korean : I buy ticket Internet.

Native : **I bought my ticket on the Internet.**

인터넷으로 표를 샀어요.

'인터넷으로 표를 샀어요.'라고 할 때는, '사다'의 뜻이 있는 buy의 과거형인 bought를 써서, I bought my ticket on the Internet.이라고 해요. 또한, 인터넷으로 구매했다고 할 때는 전치사 on을 사용해서 on the Internet이라고 표현해요.

At the Airport | 253

DIALOGUE

여행 – 공항에서

A: **Are you going to Scotland?**

B: Yes. I think I told you several times.

A: Sorry. **I'll pick you up when you get back.**

B: Thanks. Where is the check-in counter?

A: **Go straight and turn right at the corner.**

A: 스코틀랜드로 가니?
B: 응. 몇 번 얘기한 것 같은데.
A: 미안해. 네가 돌아올 때 내가 마중 나올게.
B: 고마워. 탑승 수속 카운터가 어디에 있지?
A: 직진해서 모퉁이에서 우회전 해.

DAY 2

기내에서

In the Plane

Pattern 139

We're scheduled to arrive in Washington at 9:30 local time.

Pattern 140

Would you care for any drinks?

Pattern 141

I'm worried that I might be anxious during the flight.

PATTERN 139

We're scheduled to arrive in Washington at 9:30 local time.

저희는 현지 시각으로 9시 30분에 워싱턴에 도착할 예정입니다.

We're scheduled to ~는 '저희는 ~할 예정입니다'라는 의미로, 대개 친구들 사이에 예정된 계획에 대해 이야기할 때는 plan to를 사용한다.

We're scheduled to serve a small snack with a beverage soon.
저희는 곧 음료와 함께 간단한 간식을 제공할 예정입니다.

We're scheduled to serve dinner five hours into our flight.
저희는 출발 5시간 후에 저녁 식사를 제공할 예정입니다.

We're scheduled to sell duty-free items after the meal.
저희는 식사 후에 면세품을 판매할 예정입니다.

PATTERN 140

Would you care for any drinks?

음료를 드시겠어요?

Would you care for ~?는 '(당신은) ~을 드시겠어요?'라는 의미로, care for는 '돌보다'라는 본래 의미 외에 정중하게 음료나 음식을 권할 때 사용할 수 있는 표현이다.

Would you care for some more water?
물을 더 드시겠어요?

Would you care for another cup of coffee?
커피 한 잔 더 드시겠어요?

Would you care for chicken or beef?
닭고기나 쇠고기 중 어느 것을 드시겠어요?

256 | Travel

PATTERN 141

I'm worried that I might be anxious during the flight.

비행 내내 불안할까 봐 걱정돼.

I'm worried that I might ~는 '(나는 내가) ~할까 봐 걱정돼'라는 의미로, 앞으로 일어날 가능성이 있는 일에 대한 걱정을 나타내는 표현이다.

I'm worried that I might get jet lag later.
나중에 시차증이 있을까 봐 걱정돼.

I'm worried that I might miss my connecting flight.
환승 비행기를 놓칠까 봐 걱정돼.

I'm worried that I might miss my meal while I'm sleeping.
자는 동안 식사를 놓칠까 봐 걱정돼.

Tips from Natives

Korean : May I have a water?

Native : **May I have some water, please?**
물 좀 마실 수 있을까요?

'물'은 불가산 명사이기 때문에, a 대신에 주로 some이나 any를 써서 표현해요. 대개 some은 평서문에, any는 부정문과 의문문에서 사용하지만, 권유나 긍정적인 대답을 예상하는 의문문에는 some을 사용할 수 있어요.

In the Plane | 257

DIALOGUE

여행 – 기내에서

A: **Would you care for any drinks?**

B: Some orange juice, please.
What time are we supposed to arrive in Washington?

A: **We're scheduled to arrive in Washington at 9:30 local time.**
Are you all right, sir?

B: **I'm worried that I might be anxious during the flight.**

A: 음료를 드시겠어요?

B: 오렌지 주스 주세요.
몇 시에 워싱턴에 도착할 예정인가요?

A: 저희는 현지 시각으로 9시 30분에 워싱턴에 도착할 예정입니다.
괜찮으세요?

B: 비행 내내 불안할까 봐 걱정돼요.

DAY 3

출입국에서
Immigration

Pattern 142
May I see your passport, please?

Pattern 143
What's the purpose of your visit?

Pattern 144
I'm here on vacation.

PATTERN 142

May I see your passport, please?

여권을 보여 주시겠어요?

May I see ~?는 본래 '제가 ~을 볼 수 있을까요?'라는 의미이지만, 요청을 하는 표현에서는 '~을 보여 주시겠어요?'의 의미를 나타낸다.

May I see your arrival card, please?
입국 카드를 보여 주시겠어요?

May I see your health questionnaire, please?
검역 질문서를 보여 주시겠어요?

May I see your customs declaration form, please?
세관 신고서를 보여 주시겠어요?

PATTERN 143

What's the purpose of your visit?

방문 목적이 무엇인가요?

What's the purpose of ~?는 '~의 목적이 무엇인가요?'라는 의미로, 다른 국가에 입국 및 방문 시 체류 목적이 무엇인지에 대해 물어볼 때 사용되는 표현이다.

What's the purpose of inquiry?
조사의 목적이 무엇인가요?

What's the purpose of this item?
이 물건의 목적이 무엇인가요?

What's the purpose of your extended stay?
체류 기간을 연장한 목적이 무엇인가요?

PATTERN 144

I'm here on vacation.

휴가차 왔어요.

I'm here ~는 '(저는) ~차 왔어요'라는 의미로, 방문이나 체류 목적을 나타내는 표현이다.

I'm here on a business trip.
출장차 왔어요.

I'm here to visit my relatives.
친척 방문차 왔어요.

I'm here to study English at a language school.
어학원에 어학연수차 왔어요.

Tips from Natives

Korean : I have visa already.

Native : **I have my visa with me.**

저는 비자를 가지고 있어요.

'비자를 가지고 있나요?'라는 의미로, Do you have your visa?라고 세관원이 질문했을 때 '저는 비자를 가지고 있어요.'를 영어로 I have my visa with me.라고 정확하고 정중하게 표현한다면 입국 심사관이 밝은 미소로 심사해 줄 거예요.

Immigration | 261

DIALOGUE

여행 – 출입국에서

A : **May I see your passport, please?**

B : Sure, here you are.

A : **What's the purpose of your visit?**

B : **I'm here on vacation.**

A : How long will you be staying?

B : For two weeks.

A: 여권을 보여 주시겠어요?
B: 물론이죠, 여기 있어요.
A: 방문 목적이 무엇인가요?
B: 휴가차 왔어요.
A: 얼마나 오래 머무르실 건가요?
B: 2주 동안이요.

DAY 4

호텔에서

At the Hotel

Pattern 145

I have a reservation for a room with twin beds.

Pattern 146

Can you help me find the hotel restaurant?

Pattern 147

How do I call room service?

PATTERN 145

I have a reservation for a room with twin beds.

침대가 두 개인 방으로 예약했어요.

I have a reservation ~은 '(저는) ~로 예약했어요.'라는 의미로, 예약을 확인할 때 사용하는 표현이다.

I have a reservation at this hotel.
이 호텔에 예약했어요.

I have a reservation for a suite tonight.
오늘 밤 스위트룸으로 예약했어요.

I have a reservation under the name of John Baker.
John Baker의 이름으로 예약했어요.

PATTERN 146

Can you help me find the hotel restaurant?

호텔 식당 찾는 것을 도와주시겠어요?

Can you help me ~?는 '(당신은) ~을 도와주시겠어요?'라는 의미로, 도움을 요청할 때 사용하는 표현이다.

Can you help me find my room?
제 방 찾는 것을 도와주시겠어요?

Can you help me with my luggage?
제 짐 드는 것을 도와주시겠어요?

Can you help me get Internet access for my laptop?
제 노트북 컴퓨터의 인터넷 연결을 도와주시겠어요?

PATTERN 147

How do I call room service?

룸서비스에 어떻게 연결하나요?

How do I call ~?은 '(전화를 걸어) 어떻게 ~에 연결하나요?'라는 의미로, 호텔에서 룸서비스를 부르거나 전화 연결 방법에 대해 물어볼 때 사용할 수 있는 표현이다.

How do I call Korea?
한국에 어떻게 전화하나요?

How do I call the front desk?
안내 데스크에 어떻게 연결하나요?

How do I call my friend in room 302?
302호에 투숙하는 제 친구에게 어떻게 연결하나요?

Tips from Natives

Korean : Can you give me a morning call tomorrow morning?
Native : **Can you give me a wake-up call tomorrow morning?**
내일 아침에 전화로 깨워 주시겠어요?

모닝콜의 정확한 영어 표현은 '깨우다'라는 의미가 있는 wake up을 사용한 wake-up call이에요. 따라서 '내일 아침에 전화로 깨워 주시겠어요?'는 영어로 Can you give me a wake-up call tomorrow morning?이에요.

At the Hotel | 265

DIALOGUE

여행 – 호텔에서

A : **I have a reservation for a room with twin beds.** My name is Peter Smith.

B : Yes, we have your name here. Here's your key.

A : **Can you help me find the hotel restaurant?**

B : Of course. I'll take you there myself.

A : Thanks. **How do I call room service?**

B : Just dial 2 from your room's telephone, sir.

A: 침대가 두 개인 방으로 예약했어요.
제 이름은 Peter Smith예요.
B: 네, 여기 고객님 성함이 있네요. 여기 방 열쇠 있습니다.
A: 호텔 식당 찾는 것을 도와주시겠어요?
B: 물론이죠. 제가 안내해 드릴게요.
A: 고마워요. 룸서비스는 어떻게 연결하나요?
B: 객실 전화기로 2번을 누르시면 됩니다, 고객님.

DAY 5

관광하기
Sightseeing

Pattern 148

You're not allowed to bring food in here.

Pattern 149

I can't afford to eat in a restaurant.

Pattern 150

The Eiffel Tower **is the most famous** landmark in Paris.

PATTERN 148

You're not allowed to bring food in here.

이곳에 음식물을 반입하시면 안 됩니다.

You're not allowed to ~는 '(당신은) ~하시면 안 됩니다'라는 의미로, 어떤 행동에 대한 규제나 제한을 할 때 사용하는 표현이다.

You're not allowed to park your car here.
이곳에 주차하시면 안 됩니다.

You're not allowed to smoke in this building.
이 건물에서 흡연하시면 안 됩니다.

You're not allowed to take pictures inside the museum.
박물관 내부에서 사진 촬영을 하시면 안 됩니다.

PATTERN 149

I can't afford to eat in a restaurant.

나는 식당에서 식사할 여유가 없어.

I can't afford to ~는 '나는 ~할 여유가 없어'라는 의미로, 시간이나 돈을 소비할 여유가 없을 때 사용하는 표현이다.

I can't afford to pay that much.
나는 그렇게 큰 비용을 지불할 여유가 없어.

I can't afford to buy souvenirs for everyone.
나는 모두에게 기념품을 사줄 여유가 없어.

I can't afford to rent a car while I'm in Chicago.
나는 시카고에 있는 동안 차를 빌릴 여유가 없어.

PATTERN 150

The Eiffel Tower **is the most famous** landmark in Paris.

에펠탑은 파리에서 가장 유명한 장소예요.

be the most famous ~는 '가장 유명한 ~이다'라는 의미로, 최상의 상태를 나타내는 표현이다.

The Browns **is the most famous** local restaurant.
Browns는 가장 유명한 현지 식당이에요.

The Taj Mahal **is the most famous** historical site in India.
타지마할은 인도에서 가장 유명한 역사적 장소예요.

Vincent Van Gogh **is** one of **the most famous** artists in history.
빈센트 반 고흐는 역사적으로 가장 유명한 예술가들 중 한 명이에요.

Tips from Natives

Korean : I'd like to visit National Museum today.

Native : **I'd like to visit the National Museum today.**

오늘 국립 박물관을 방문하고 싶어요.

중요한 역사적 명소들은 고유의 이름들을 가지고 있고 전 세계에서 유일하게 존재하기 때문에 이름 앞에 the를 써서 표현해요. 예를 들어, 로마의 콜로세움은 The Colosseum, 중국의 만리장성은 The Great Wall, 알프스 산은 The Alps로 표현해요.

Sightseeing | 269

DIALOGUE

여행 – 관광하기

A: **I can't afford to eat in a restaurant.**

B: We can have some sandwiches later.

A: OK. Where are we going today?

B: **The Eiffel Tower is the most famous landmark in Paris.** Let's go there first and visit other places.

<At the museum>

C: **I'm afraid you're not allowed to bring food in here.**

A: Oh, sorry.

A: 나는 식당에서 식사할 여유가 없어.

B: 나중에 샌드위치나 먹자.

A: 알았어. 우리 오늘 어디에 갈 거야?

B: 에펠탑이 파리에서 가장 유명한 장소야. 거기부터 먼저 갔다가 다른 장소들도 방문하자.

〈박물관에서〉

C: 유감이지만 이곳에 음식물을 반입하시면 안 됩니다.

A: 앗, 죄송해요.

ENGLISH THEMES

슬픔과 분노

I'm feeling down.
침울한 기분이야.

I feel miserable.
비참해.

I feel like crying.
울고 싶어.

My heart feels so heavy.
마음이 너무 무거워.

Sadness 슬픔

I can't stand it anymore.
더는 참을 수 없어.

Leave me alone.
나 좀 내버려 둬.

That's it! I've had enough.
그만해! 그걸로 충분해.

That's ridiculous!
정말 어처구니가 없어!

Anger 분노

Review

1. 비행 내내 불안할까 봐 걱정돼.

2. 저희는 현지 시각으로 9시 30분에 워싱턴에 도착할 예정입니다.

3. 스코틀랜드로 가시나요?

4. 이곳에 음식물을 반입하시면 안 됩니다.

5. 네가 돌아올 때 내가 마중 나갈게.

6. 에펠탑은 파리에서 가장 유명한 장소예요.

7. 휴가차 왔어요.

8. 침대가 두 개인 방으로 예약했어요.

9. 여권을 보여 주시겠어요?

- 10. 호텔 식당 찾는 것을 도와주시겠어요?

- 11. 룸서비스에 어떻게 연결하나요?

- 12. 음료를 드시겠어요?

- 13. 나는 식당에서 식사할 여유가 없어.

- 14. 직진해서 모퉁이에서 우회전 하세요.

- 15. 방문 목적이 무엇인가요?

Answers

1. I'm worried that I might be anxious during the flight.
2. We're scheduled to arrive in Washington at 9:30 local time.
3. Are you going to Scotland?
4. You're not allowed to bring food in here.
5. I'll pick you up when you get back.
6. The Eiffel Tower is the most famous landmark in Paris.
7. I'm here on vacation.
8. I have a reservation for a room with twin beds.
9. May I see your passport, please?
10. Can you help me find the hotel restaurant?
11. How do I call room service?
12. Would you care for any drinks?
13. I can't afford to eat in a restaurant.
14. Go straight and turn right at the corner.
15. What's the purpose of your visit?

WEEK 1

parents 명 부모님 · · · · 18p	nearby 부 바로 가까이에, 근처에 · 24p	subway 명 지하철 · · · · 31p
co-worker 명 동료 · · · · 18p	leave 동 떠나다, 출발하다 · · 26p	express bus 고속버스 · · · 31p
together 부 함께 · · · · · · 18p	start 동 시작하다 · · · · · 26p	city hall 시청 · · · · · · 32p
miss 동 ~을 그리워하다 · · · 19p	company 명 회사 · · · · · 26p	quite 부 꽤, 매우 · · · · · 32p
childhood 명 어린 시절 · · · 19p	wrap up ~을 마무리 짓다 · · 26p	nearest 형 가장 가까운 · · · 34p
sometimes 부 가끔, 때때로 · · 19p	take a break 쉬다, 휴식을 취하다 · 26p	national 형 국가의 · · · · · 34p
homesick 형 고향을 몹시 그리워하는 19p	meal 명 식사 · · · · · · 26p	international 형 국제적인 · · 34p
hang out with ~와 어울려 놀다 · 19p	flight 명 비행, 항공편 · · · 27p	how far (거리가) 얼마나 먼가 · 34p
remind 동 ~에게 ~이 생각나게 하다 20p	noon 명 정오, 한낮 · · · · 27p	museum 명 박물관 · · · · · 34p
outside 부 밖에 · · · · · · 22p	cruise ship 명 유람선 · · · 27p	right 형 올바른 · · · · · · 35p
during 전 ~동안 · · · · · · 22p	early 형 일찍, 이른 · · · · 28p	way 명 길 · · · · · · · · 35p
weather forecast 명 일기 예보 · 22p	hour 명 시간, 시각 · · · · 30p	bus stop 명 버스 정류장 · · · 35p
all day long 하루 종일 · · · 22p	minute 명 (시간의) 분 · · · 30p	theater 명 극장 · · · · · · 35p
expect 동 ~을 기대하다, 예상하다 · 22p	arrive 동 ~에 도착하다 · · · 30p	downtown 명 시내에 · · · · 35p
go on a picnic 소풍 가다 · · 23p	traffic 명 교통 · · · · · · 30p	afraid 형 유감이지만 ~인 · · · 36p
take a walk 산책하다 · · · · 23p	had better ~하는 편이 낫다 · · 31p	straight 부 똑바로 · · · · · 36p
outdoor sports 명 야외 운동 · · 23p	transfer 동 갈아타다, 옮기다 · · 31p	

WEEK 2

look for ~을 찾다 · · · · · 44p	a bit 조금, 약간 · · · · · 48p	refund 명 환불 · · · · · · 56p
automatic 형 자동의 · · · · 44p	gift 명 선물 · · · · · · · 48p	gift card 상품권 · · · · · 56p
sportswear 명 운동복 · · · · 44p	suit 명 정장 · · · · · · · 49p	by any chance 혹시나 · · · 56p
laptop 명 노트북 컴퓨터 · · · 44p	striped shirt 명 줄무늬 셔츠 · 49p	available 형 이용할 수 있는 · 56p
sneakers 명 운동화 · · · · · 44p	shorts 명 반바지 · · · · · 49p	offer 동 ~을 제공하다, 제안하다 · 56p
cosmetics 명 화장품 · · · · 44p	try on ~을 입어 보다 · · · · 50p	store 명 가게 · · · · · · · 60p
section 명 구역, 구획 · · · · 45p	wallet 명 지갑 · · · · · · 52p	on impulse 충동적으로 · · · 60p
electronics 명 전자 기기 · · · 45p	purchase 동 ~을 구입하다 · · 52p	salesperson 명 판매원 · · · 60p
photography 명 사진술, 사진 촬영 45p	appliance 명 가정용 기기 · · 52p	return 동 ~을 반환하다 · · · · 60p
basement 명 지하 · · · · · 45p	credit card 명 신용 카드 · · 52p	table lamp 탁자 스탠드 · · · 60p
downstairs 부 아래층에 · · · 46p	magazine 명 잡지 · · · · · 52p	electric shaver 명 전기면도기 · 60p
expensive 형 비싼 · · · · · 48p	bottle 명 병 · · · · · · · 53p	dress shirt 명 와이셔츠 · · · 60p
novel 명 소설 · · · · · · · 48p	newly 부 새로이 · · · · · · 53p	receipt 명 영수증 · · · · · 61p
essay 명 수필 · · · · · · · 48p	release 동 ~을 출시하다, 공개하다 · 53p	issue 동 ~을 발행하다 · · · · 61p
necklace 명 목걸이 · · · · · 48p	bunch 명 다발, 뭉치 · · · · 53p	replace 동 ~을 교환하다, 대체하다 61p
something 대 어떤 것 · · · · 48p	price tag 명 가격표 · · · · 54p	exchange 명 교환 동 ~을 교환하다 61p
less 부 더 적게 · · · · · · 48p	counter 명 계산대 · · · · · 54p	

274 | Situational Patterns

Vocabulary

WEEK 3

busy 형 바쁜 · · · · · · 70p	homemade 형 집에서 만든 · · · 78p	get-together 명 모임 · · · · · 82p
PR Department 홍보부 · · · 70p	be interested in ~에 관심이 있다 · · 79p	assume 동 ~을 추측하다 · · · · 83p
call back 다시 전화를 하다 · · · · 70p	script 명 각본 · · · · · · · 79p	around 부 대략, 약 · · · · · · 83p
cell phone 명 휴대 전화 · · · · 70p	director 명 감독 · · · · · · 79p	casual-dress 평상복 · · · · · 83p
arrange 동 ~을 정하다 · · · · 71p	collect 동 ~을 모으다 · · · · 79p	occasion 명 행사, 경우 · · · · 83p
schedule 명 일정, 계획 · · · · 71p	attend 동 ~에 참석하다 · · · 82p	bring 동 ~을 가져오다 · · · · 83p
decide 동 ~을 정하다, 결정하다 · · 71p	festival 명 축제 · · · · · · 82p	own 형 자기 자신의, 자기 소유의 · · 83p
at the moment 지금 · · · · 72p	throw 동 (모임이나 파티 등)을 열다 · 82p	ceremony 명 의식, 행사 · · · · 83p
pick up ~를 태우러 가다 · · · 74p	promotion 명 승진 · · · · · 82p	sure 형 확실한 · · · · · · · 84p
make it (모임 등에) 가다, 참석하다 · 74p	postpone 동 ~을 연기하다, 늦추다 · 82p	bowling 명 볼링 · · · · · · 86p
join 동 함께 ~하다 · · · · · 74p	cookout 명 야외 파티 · · · · 82p	watch a movie 영화를 보다 · · 86p
free 형 한가한 · · · · · · · 75p	because of ~ 때문에 · · · · 82p	in trouble 곤경에 빠져서, 난처하여 · 87p
dinner 명 저녁 식사 · · · · · 75p	think about ~에 대해 생각하다 · 82p	successful 형 성공한, 출세한 · · 87p
come over (~의 집에) 들르다 · · 75p	invite 동 ~을 초대하다 · · · · 82p	perfect 형 완벽한 · · · · · · 87p
favorite 형 매우 좋아하는 · · · 78p	close 형 친한, 친밀한 · · · · 82p	teamwork 명 팀워크, 협동 작업 · · 87p
lately 부 최근에 · · · · · · 78p	going-away 형 송별의 · · · · 82p	bank 명 은행 · · · · · · · 88p
as good as ~와 다름없는 · · · 78p	cancel 동 ~을 취소하다 · · · · 82p	

WEEK 4

periodical 명 정기 간행물 · · · 96p	passport 명 여권 · · · · · 104p	open an account
bookshelf 명 책장, 책꽂이 · · · 96p	register 동 ~을 등록하다 · · · 104p	(은행에) 계좌를 개설하다 · · · · 108p
library 명 도서관 · · · · · 96p	residence 명 거주지 · · · · 104p	deposit 동 ~을 예금하다 명 예금 · 108p
reading room 명 (도서) 열람실 · 96p	driver's license 운전면허증 · · 104p	apply for ~을 신청하다 · · · · 108p
check out ~을 대출받다 · · · 96p	report 동 ~을 신고하다 · · · 104p	loan 명 대출 · · · · · · · 108p
at a time 한 번에, 동시에 · · · 96p	lost 형 분실된, 잃어버린 · · · 104p	branch 명 지점 · · · · · · 108p
dictionary 명 사전 · · · · · 96p	identification card 신분증 · · 104p	maximum 명 최대의 · · · · 108p
due 형 만기가 된, ~할 예정인 · · 97p	apologize 동 사과하다 · · · · 104p	amount 명 양 · · · · · · · 108p
within 전 ~이내에 · · · · · 97p	error 명 착오, 실수 · · · · · 104p	interest 명 이자 · · · · · · 108p
cut 동 (머리)를 자르다 · · · · 100p	mistake 명 실수 · · · · · · 104p	charge 동 청구하다 · · · · · 108p
dye 동 염색하다 · · · · · · 100p	bother 동 ~을 귀찮게 하다 · · · 104p	savings account 명 예금, 예금계좌 · 109p
perm 동 파마하다 · · · · · · 100p	be supposed to ~해야 한다 · · 105p	in detail 상세하게 · · · · · 109p
trim 동 정리하다, 다듬다 · · · 100p	complete 동 ~을 완성하다 · · · 105p	sign 동 ~을 서명하다 · · · · · 109p
take care of ~을 신경 쓰다, 처리하다 100p	fill out ~에 기입하다 · · · · 106p	bottom 명 맨 아래 · · · · · 109p
exactly 부 정확히, 바로 · · · · 101p	application form 신청서 · · · 106p	cinnamon 명 계피 · · · · · 112p
mean 동 ~을 의미하다 · · · · 101p	withdraw 동 ~을 인출하다 · · · 108p	instead of ~대신에 · · · · · 113p
bobbed 형 단발의 · · · · · 102p	cash 명 현금 · · · · · · · 108p	decaf 형 카페인을 제거한 · · · · 114p

Vocabulary | 275

WEEK 5

go out 외출하다 · · · · · 122p	**take out** ~을 가지고 나가다 · · · 130p	**especially** 튄 특히 · · · · · 134p
sushi 圐 초밥 · · · · · 122p	**roast beef** 쇠고기 구이 · · · 130p	**chili** 圐 고추 · · · · · 134p
eat out 외식하다 · · · · · 122p	**grilled** 圐 (석쇠에) 구운 · · · 130p	**salmon** 圐 연어 · · · · · 135p
rice 圐 밥 · · · · · 122p	**skip** 통 ~을 건너뛰다, 생략하다 · · · 130p	**breakfast** 圐 아침 식사 · · · 135p
noodle 圐 면 · · · · · 122p	**appetizer** 圐 전채 요리 · · · 130p	**lunchtime** 圐 점심시간 · · · 135p
recommend 통 ~을 추천하다 · · · 123p	**leftover** 圐 남은 음식 · · · 130p	**while** 젭 ~하는 동안 · · · 135p
popular 튄 인기 있는 · · · · · 123p	**rib** 갈비, 갈비뼈 · · · · · 130p	**as well** 역시 · · · · · 136p
fruit 圐 과일 · · · · · 126p	**rather than** ~보다는 · · · 130p	**actually** 튄 사실 · · · · · 136p
prefer 통 ~을 선호하다, 더 좋아하다 · · · 126p	**drink** 圐 음료 · · · · · 131p	**napkin** 圐 냅킨 · · · · · 138p
healthy 튄 건강에 좋은, 건강한 · · · 126p	**dessert** 圐 후식 · · · · · 131p	**more** 튄 여분의, 좀 더 · · · 138p
cooking 圐 요리 · · · · · 126p	**main course** (식사의) 주 요리 · · · 131p	**piece** 圐 조각 · · · · · 138p
delicious 튄 맛있는 · · · 127p	**specialty** 圐 전문, 특성 · · · 131p	**strawberry** 圐 딸기 · · · 138p
order 통 ~을 주문하다 · · · 127p	**share** 통 ~을 나누다, 공유하다 · · · 132p	**brownie** 圐 브라우니 (초콜릿 케이크) · · · 139p
famous 튄 유명한 · · · · · 128p	**allergic** 튄 알레르기가 있는 · · · 134p	**champagne** 圐 샴페인 · · · 139p
whether 젭 ~인지 어떤지 · · · 130p	**peanut** 圐 땅콩 · · · · · 134p	**help yourself** (음식을) 마음껏 드세요 139p
seafood 圐 해산물 · · · · · 130p	**caffeine** 圐 카페인 · · · · · 134p	**else** 튄 다른 · · · · · 140p
dine 통 (잘 차린) 식사를 하다 · · · 130p	**spicy** 튄 매운 · · · · · 134p	

WEEK 6

interact 통 소통하다 · · · · · 148p	**upset** 튄 당황한 · · · · · 152p	**congratulations** 圐 축하 꼽 축하해요 158p
present 통 발표하다 · · · · · 148p	**calm oneself** 마음을 가라앉히다 · · · 152p	**hard-working** 튄 성실한 · · · 158p
professionally 튄 전문적으로 · · · 148p	**confident** 튄 자신감 있는 · · · 153p	**responsible** 튄 책임감 있는 · · · 158p
honest 튄 정직한, 솔직한 · · · 148p	**patient** 튄 인내심 있는 · · · 153p	**keep up** ~을 계속하다, 유지하다 · · · 158p
polite 튄 예의 바른 · · · · · 148p	**hurry** 통 서두르다 · · · · · 153p	**go back** 돌아가다 · · · · · 160p
wish 통 ~를 바라다 · · · · · 148p	**realistic** 튄 현실적인 · · · 153p	**holiday** 圐 휴가, 공휴일 · · · 161p
sense of humor 유머 감각 · · · 148p	**develop** 통 ~을 발전시키다 · · · 154p	**past** 튄 지난, 과거의 · · · 161p
insight 圐 통찰력 · · · · · 148p	**skill** 圐 기술 · · · · · 154p	**niece** 圐 여자 조카 · · · · · 164p
experience 圐 경험 · · · · · 148p	**gradually** 튄 서서히, 차츰 · · · 154p	**nephew** 圐 남자 조카 · · · 164p
talent 圐 재주, 재능 · · · · · 148p	**advice** 圐 충고, 조언 · · · · · 154p	**relative** 圐 친척 · · · · · 164p
be good at ~에 능하다 · · · 149p	**cooperation** 圐 협조 · · · 156p	**only child** 외동 · · · · · 164p
foreign language 외국어 · · · 149p	**see off** ~을 배웅하다 · · · 156p	**married** 튄 결혼한 · · · · · 164p
unbelievable 튄 믿기 어려운 · · · 150p	**encourage** 통 ~을 격려하다 · · · 156p	**sibling** 圐 형제자매 · · · · · 164p
handle 통 ~을 다루다, 처리하다 · · · 152p	**celebrate** 통 ~을 축하하다, 기념하다 156p	**introduce** 통 ~을 소개하다 · · · 165p
deal with ~을 처리하다 · · · 152p	**anniversary** 圐 기념일 · · · 156p	**fiancée** 圐 약혼녀 · · · · · 165p
discouraged 튄 낙심한, 낙담한 · · · 152p	**appreciate** 통 ~에 감사하다 · · · 157p	**housewarming** 圐 집들이 · · · 165p
nervous 튄 초조한, 긴장한 · · · 152p	**compliment** 圐 칭찬 · · · · · 157p	

276 | Situational Patterns

Vocabulary

WEEK 7

warm up (음식 등)을 데우다 · · · 174p	do the laundry 빨래를 하다 · · · 179p	remove 동 ~을 제거하다 · · · 186p
vegetable 명 야채 · · · 174p	wipe 동 ~을 닦다 · · · 179p	belong 동 속하다 · · · 186p
chop 동 ~을 잘게 썰다 · · · 174p	dust 동 먼지 · · · 179p	recyclable 형 재활용할 수 있는 · · · 186p
recipe 명 요리법, 조리법 · · · 174p	washing machine 명 세탁기 · · · 182p	goods 명 상품, 제품 · · · 186p
important 형 중요한 · · · 175p	dry-clean 동 드라이클리닝 하다 · · · 182p	second-hand 형 중고의 · · · 186p
brown 동 ~을 갈색이 되게 하다 · · · 175p	all at once 전부, 한꺼번에 · · · 182p	reusable 형 재사용할 수 있는 · · · 187p
season 동 ~에 양념을 치다 · · · 175p	carry 동 운반하다 · · · 182p	used 형 사용된, 이용된 · · · 187p
garlic 명 마늘 · · · 175p	alter 동 ~을 고치다 · · · 183p	by oneself 혼자서, 단독으로 · · · 188p
pepper 명 후추 · · · 175p	sleeve 명 (옷의) 소매 · · · 183p	container 명 용기, 그릇 · · · 188p
boil 동 ~을 삶다, 끓이다 · · · 176p	waist 명 허리 · · · 183p	blender 명 믹서기 · · · 190p
from top to bottom 구석구석 · · · 178p	length 명 길이 · · · 183p	brand-new 형 신품의 · · · 190p
mop 동 (걸레 등으로) 닦다 · · · 178p	separate 동 ~을 분리하다, 분류하다 · · · 184p	multifunction 명 다기능 · · · 190p
vacuum 동 진공청소기로 청소하다 · · · 178p	tailor 동 재단사 · · · 184p	microwave 명 전자레인지 · · · 191p
scrub 동 ~을 문질러 청소하다 · · · 178p	sort 동 ~을 분류하다, 분리하다 · · · 186p	push 동 (버튼 등)을 누르다 · · · 192p
bathtub 명 욕조 · · · 178p	garbage 명 쓰레기 · · · 186p	follow 동 ~을 따르다 · · · 192p
porch 명 현관 · · · 178p	empty 동 ~을 비우다 · · · 186p	instructions 명 지시, 설명 · · · 192p
wash the dishes 설거지하다 · · · 179p	reduce 동 ~을 줄이다, 감소시키다 · · · 186p	

WEEK 8

serious 형 심각한 · · · 200p	tend 동 (~하는) 경향이 있다 · · · 204p	bad cold 독감 · · · 212p
pain 명 통증 · · · 200p	digestive 형 소화의 · · · 204p	food poisoning 명 식중독 · · · 212p
stomach 명 위, 복부 · · · 200p	regularly 부 정기적으로, 규칙적으로 · · · 204p	terrible 형 심한 · · · 212p
throat 명 목, 목구멍 · · · 200p	usual 형 평소의 · · · 204p	headache 명 두통 · · · 212p
vomiting 명 구토 · · · 200p	diarrhea 명 설사 · · · 204p	workday 명 근무 시간 · · · 214p
fever 명 열 · · · 200p	reaction 명 반응 · · · 204p	pale 형 창백한 · · · 214p
difficulty 명 어려움 · · · 200p	pollen 명 꽃가루 · · · 204p	rest 동 쉬다 명 나머지, 휴식 · · · 214p
breathe 동 숨 쉬다, 호흡하다 · · · 200p	swallow 동 ~을 삼키다 · · · 205p	lose weight 살을 빼다 · · · 216p
chew 동 ~을 씹다 · · · 200p	sharp 형 심한, 강렬한 · · · 206p	cut down on ~을 줄이다 · · · 216p
bend 동 ~을 구부리다, 굽히다 · · · 200p	history 명 병력, 경력, 내력 · · · 206p	avoid 동 ~을 피하다, 회피하다 · · · 216p
as soon as possible 가능한 빨리 · · · 201p	go through (수술 등)을 받다, 경험하다 · · · 206p	exercise 명 운동 동 운동하다 · · · 216p
see a doctor 진찰을 받다 · · · 201p	medical examination 건강 진단, 검진 · · · 206p	dine out 외식하다 · · · 216p
go on a diet 체중 조절을 시작하다 · · · 201p	effective 형 효과적인 · · · 208p	jog 동 조깅하다 · · · 217p
emergency 명 비상(사태), 응급 상황 · · · 201p	pain reliever 진통제 · · · 208p	limit 동 ~을 제한하다 · · · 217p
describe 동 ~을 묘사하다 · · · 204p	pill 명 알약 · · · 208p	intake 명 섭취 · · · 217p
symptom 명 증상 · · · 204p	guess 동 ~을 추측하다 · · · 212p	control 동 ~을 조절하다 · · · 217p
press 동 ~을 누르다 · · · 204p	wrong 형 잘못된 · · · 212p	

WEEK 9

take off (~동안) 쉬다 · · · · 226p	make sure 반드시 ~하다 · · · · 231p	snowboard 동 스노보드를 타다 · 238p
whole 형 전체의 · · · · 226p	confirm 동 ~을 확인하다 · · · · 231p	make a plan 계획을 세우다 · · · 238p
cousin 명 사촌 · · · · 226p	reservation 명 예약 · · · · 231p	fabulous 형 멋진 · · · 238p
take a trip 여행을 가다 · · · · 226p	weight 명 무게 · · · · 231p	ice-skate 동 스케이트를 타다 · 239p
project 명 프로젝트, 계획 · · · 227p	airline 명 항공사 · · · · 231p	resort 명 리조트, 휴양지 · · · 239p
personal 형 개인적인 · · · · 227p	via 전 ~을 통해서, ~을 경유하여 · 232p	as usual 평소와 다름없이 · · · 240p
sudden 형 갑작스러운 · · · · 228p	pool 명 수영장, 포켓볼 · · · 234p	exciting 형 신나는, 즐거운 · · · 240p
vacation 명 휴가 · · · · 228p	water skiing 명 수상 스키 · · 234p	abroad 부 외국으로 · · · 242p
make sense 이해가 되다 · · · 228p	scuba diving 명 스쿠버 다이빙 · 234p	wonder 명 경탄, 불가사의 · · · 242p
home address 집 주소 · · · · 230p	backpacking 명 배낭여행 · · · 234p	in one's twenties ~의 20대 때 · 242p
phone number 전화번호 · · · 230p	overseas 부 외국으로, 해외로 · 234p	remember 동 ~을 기억하다 · · 243p
book 동 ~을 예약하다 · · · 230p	camp 동 캠핑을 하다 · · · 234p	unique 형 독특한 · · · 243p
seat 명 좌석, 자리 · · · · 230p	sightseeing 명 관광 · · · 234p	culture 명 문화 · · · 243p
economy class (비행기의) 일반석 · · · · 230p	historical 형 역사적인 · · · 234p	laid-back 형 느긋한, 한가한 · · · 243p
single room 1인실 · · · · 230p	look forward to ~을 기대하다 · 235p	attitude 명 태도 · · · 243p
guided-tour 안내원이 딸린 여행 · 230p	huge 형 거대한, 엄청난 · · · 238p	kindness 명 친절 · · · 243p
	ice climbing 빙벽 등반 · · · 238p	foreigner 명 외국인 · · · 243p

WEEK 10

get back 돌아가다 · · · · 252p	anxious 형 불안해하는, 걱정스러운 · 257p	front desk 명 안내 데스크 · · · 265p
baggage 명 짐, 수화물 · · · 252p	jet lag 명 시차증 · · · · 257p	key 명 열쇠 · · · 266p
visitor 명 방문객 · · · · 252p	connecting flight 환승 비행기 · 257p	dial 동 전화를 걸다 · · · 266p
arrival area 입국장 · · · · 252p	arrival card 입국 카드 · · · 260p	allow 동 ~을 허락하다 · · · 268p
boarding pass (비행기의) 탑승권 · 252p	questionnaire 명 질문서 · · 260p	park 동 주차하다 명 공원 · · · 268p
corner 명 모서리, 모퉁이 · · · 253p	customs declaration 세관 신고 · 260p	smoke 동 흡연하다 · · · 268p
second 형 두 번째의 · · · · 253p	purpose 명 목적 · · · · 260p	take a picture 사진을 찍다 · · 268p
several 형 몇 몇의 · · · · 254p	inquiry 명 조사 · · · · 260p	inside 전 ~의 내부에 · · · 268p
check-in 명 탑승 수속 · · · 254p	extended 형 길어진, 늘어난 · · 260p	afford 동 (금전적, 시간적으로) 여유가 있다 268p
be scheduled to ~할 예정이다 · 256p	on vacation 휴가 중인 · · · 261p	souvenir 명 기념품 · · · 268p
local time 명 현지 시간 · · · 256p	on a business trip 출장 중인 · 261p	rent 동 ~을 빌리다 · · · 268p
serve 동 ~을 제공하다 · · · 256p	language school 어학원 · · · 261p	landmark 명 명소, 유적 · · · 269p
snack 명 간식 · · · · 256p	suite 명 (호텔의) 스위트룸, 특별실 · 264p	local 형 현지의, 지역의 · · · 269p
beverage 명 음료, 마실 것 · · · 256p	under the name of ~라는 이름으로 264p	site 명 장소, 위치 · · · 269p
duty-free 형 면세의 · · · · 256p	luggage 명 짐 · · · · 264p	one of ~중 하나 · · · 269p
item 명 물품, 항목 · · · · 256p	access 명 접근 · · · · 264p	artist 명 예술가 · · · 269p
worried 형 걱정스러운 · · · 257p	room service 명 룸서비스 · · 265p	

278 | Situational Patterns